「ちゃんと評価される人」がやっている仕事のコツ

国際コミュニケーション・コンサルタント
フラナガン裕美子

同文舘出版

はじめに

皆さん、はじめまして。フラナガン裕美子と申します。

私は大学を卒業後、外資系金融企業を5社経験し、最後にいたリーマン・ブラザーズが歴史的破綻に追い込まれた後は、我々を買収した日本の企業に勤めました。そしてその会社の香港支店で勤務後、現在は国際コミュニケーションやビジネスのコンサルティングに携わっています。

新卒当初は営業を希望して、営業アシスタントとして働いていました。けれど、転職活動中に私を面接してくれた米系銀行の日本人ボスが、私に向かって言ったのです。

「僕はね、君はきっと秘書に向いていると思うんだ。どうだろうか、僕の秘書を1カ月やってみて、気に入らなかったら別のポジションに移してあげよう」

当時の私は、誰かのサポートをするよりも「営業の第一線でバリバリやるんだ！」と息巻いていましたので、そのボスの言葉にも内心、「1カ月経ったら、絶対に異動させてもらおう！」と固く決めていました。

ですが、働き始めて2週間。なぜかその仕事を楽しんでいる自分に気がついたのです。そして、私の秘書人生がスタートしました。


そんなある時、運命ともいえる出来事がありました。

上司のボスであるグローバルヘッド（世界全支店における部署のトップ）がニューヨーク本店から出張で来た時のことです。

取引の間にオフィスを歩き回っていた敏腕トレーダーの彼が、いきなり私に話しかけてきました。

「申し訳ないが、僕の来週のフライトを日本で確認できるだろうか？」

「もちろんです」と私が答えると、彼はため息をつきながらこう言ったのです。

「ローズがね、休んでいるんだよ。だからもう、僕もスタッフも壊滅状態なんだ。日々巨額のお金を動かしている我々が、彼女一人いないだけでボロボロだ。想像つくかい？　僕なんて、迷子みたいに何をどうしていいか、途方にくれてしまってるんだよ」

ローズと呼ばれたその女性こそ、いつも気さくなメールのやりとりをしてくれる彼の秘書。仕事の早い、陽気なお姉さんといった感じの人でした。

その彼女が会社の中枢部署のトップであるこのマネージャーに、「**彼女がいなければ自分たちがボロボロになってしまう**」という、信じられない一言を口にさせた張本人だったのです。

食うか食われるかの世界でもトップを走る厳しい上司から、そんな最大の賛辞をもらえる彼女に、ものすごい衝撃を受けるとともに、憧れと尊敬の念を抱きました。

以来、彼女の仕事ぶりを学び、何かあるとアドバイスを求めるようになったのです。

そして、私の中に一つの目標が芽生えました。

「**これからどんなボスと働くことになっても、必ず、『君がいなければ仕事が回らない』と思ってもらえる仕事をしよう！**」

普段、一生懸命やっているのに評価がついてこない……。そんなふうに悩んでいらっしゃる皆さん、実はそこには「ちょっとしたコツ」があるのです。

皆さんのがんばりに、あと一つ、「相手のかゆいところに手が届くような仕事」をプラスしてみてください。

他の誰ともちょっと違う「あなただけの仕事」ができるようになれば、「この人がいないと困るなあ」と、上司や同僚から「ちゃんと評価される」ようになります。評価とは、相手の心に響く、質の高い仕事にこそついてくるからです。

評価されることで、毎日の仕事にやりがいが出てきます。万が一会社が縮小するようなことになっても、「君がいなければ仕事が回らない」と言われる人は、決してリストラの対象にはなりません。会社にとって必要な存在だからです。

私の最大の強みは2つです。

1つ目は外資系と日本企業双方の長所と短所を理解していること。ですから皆さんに、**どの会社でも通用する「必要とされる働き方」**をお伝えできます。

2つ目は、私自身がパワハラ・セクハラ、その他あらゆる修羅場をくぐり抜け、時にはどん底から這い上がってきた経験があること。つまり、**自身で痛みを経験している分、皆さんの悩みに沿ってお話しできる**ことです。

本書でご紹介するノウハウは、私だけではなく、私の尊敬する仕事仲間たちが長い時間をかけて経験し、生み出したものばかりです。

自分にはそんな仕事をするのは無理無理、そう思うかもしれません。でも、ちょっとだけ勇気を出して、ぜひ試してみていただきたいのです。次はあなたの番です！　今日から、「君がいなければ仕事が回らない」と言われる仕事ぶりを、一緒に目指してみませんか？

一人でも多くの方の会社生活に変化が出ますよう、お手伝いさせていただければ、これほど幸せなことはありません。

国際コミュニケーション・コンサルタント　フラナガン裕美子

『「ちゃんと評価される人」がやっている仕事のコツ』目次

2章 「君がいないと仕事が回らない」と言われる気配り仕事術

3章 どんな上司とでもうまくいくボスマネジメント

4章 苦手な人ほどうまくいくコミュニケーション術

5章 8カ国のボスから学んだミス・トラブル対応術

6章 成長し続ける人の自分磨きの習慣

カバーデザイン　二ノ宮 匡（ニクスインク）
本文ＤＴＰ　朝日メディアインターナショナル

1章

「ちゃんと評価される人」と「がんばっているのに評価されない人」

1 「ちゃんと評価される人」は自分の価値を知っている

私の尊敬する秘書たちには、皆一様に共通点があります。

それはどんなに仕事ができても、常に目立たず、謙虚を心がけていることです。自分の功績をアピールするのが当然のはずの外資系においてでさえ、どんなにすごいことを手がけても、まるで当たり前のように涼しい顔をして、ボスの後ろにひっそりと控えているのです。

その理由がおわかりでしょうか？

彼・彼女たちは、**自分で自分の価値を知っている**からです。

自分がボスにとってなくてはならない存在であることを自負し、同時に、決してそこで満足せずに、常にレベルアップするべく自分を鍛えているのです。

これは秘書に限ったことではありません。ボスがいる方なら、必ず必要な心構えだと思うのです。

決して目立たないけれど、「その人がいなくては仕事が回らなくなるような」仕事。普段は気がつかずとも、何らかの理由でその人が会社にいないと、あちこちで小さなほころびが出たり、仕事が進まなくなってしまうような存在。

自分の役割を全うして受け取った「ありがとう」

ここで、一人の秘書を紹介しましょう。

彼女は、銀行内でひときわ大きなお金を稼ぎ出している部署のトップについていました。その部署は一見華やかに見えますが、巨額のお金を動かす一人ひとりの社員が背負っているプレッシャーは、私たちの想像をはるかに超えるもの。そこで秘書をするには、ストレスがたまった「荒くれスタッフ」をあしらえるくらいの度量がなければやっていけません。
そして、単に部のスタッフとうまくやるだけでなく、彼らから一目置かれ、対等に同僚として扱ってもらえなくてはならないのです。なぜなら、かなりの頻度で、彼女自身がトップの「代理」としてメッセージを伝えたり、毎日の人事・総務などの仕事を仕切らねばならなかったからです。

ある時、会社が記録的な損失を出し、その結果、大量に社員のクビを切ることになってしまいました。
さすがの敏腕トップも、その時ばかりは疲れが限界に達していたようで、毎日イライラし、時には彼女に当たるようになりました。大切な部下を辞めさせなくてはいけないという、身を切られるような決断をしながらも、日々の自分の仕事は今まで以上にこなさなければならない現実。それに加え、奥様が切迫流産で入院をしなければならなくなったのです。

「すべてが崩れていく中でも、私だけはしっかり立っていなくてはならない、と強く思ったのよ」

彼女はその頃を思い出しながら、そう言いました。

今、ここで自分までが取り乱したら崩壊する、と感じたそうです。だから何があっても、どんなに八つ当たりされても、自分だけは、凛として、何事もなかったかのように振る舞おうと。

彼女は、朝早くから夜遅くまで仕事をする以外に、毎日途中で欠かさずにボスの奥様の病院へ通いました。家にいるお手伝いさんとも密に連絡をとり、海外にいて心配している、ボスと奥様のご両親にも電話で報告していたのです。

会社においては、人事部やその他の部署とボスとの間の窓口になり、辞めていく社員や残されたスタッフたちの動向に細心の注意を払い、ボスがその場にいない時にも、ありとあらゆる情報を集めて、彼が仕事に集中できるように努めていたのです。

皆が自分のことだけでいっぱいになっている時に、彼女はその苦労を一言も口に出さずに、当たり前のようにこれらをこなしていたのです。「大変だけど、いつかは終わる」、つらくなると、そう自分に言い聞かせていました。
そして永遠とも思える時間が過ぎて、すべてが落ち着きを取り戻した頃、彼女は、ボスのオフィスに呼ばれました。いくつか用事を言いつけられた後、オフィスを出ようとした彼女を呼び止めて、ボスが「仕事が終わってからでも読んでくれ」と、封筒を差し出したのです。

「私だけでなく、私の大切な家族をまるで自分の家族のように気遣い、支え続けてくれた君に、僕は永遠の尊敬を捧げたいと思う。ありがとう」
彼女が私に、そっと見せてくれたカードにはそう書いてありました。短いメッセージでしたが、彼女にとってはそれだけで気持ちが満たされ、最高の勲章をもらったような気がしたそうです。

そんなボスでさえ、彼女がいったいどれだけの労力を尽くして、どれだけの精神力でその状態を乗り切ったかを、１００％理解しているとは思えません。

でも、そんなことは彼女にとって問題ではないのです。それよりも、期待もしていなかったボスからの「ありがとう」があっただけで、すべての苦労が報われたのです。

同じ仕事をしても他の人とは違う評価を受けるには

もちろん、皆さんにここまで尽くしてほしいとお願いしたいわけではありません。ただ、彼女がこれほどの仕事をしながらも、それでもなお影の存在である「黒子」に徹している理由を、一緒に考えていただきたかったのです。

それはつまり、**仕事は「誰かに褒められる」ためにするのではない**ということ。

毎日、仕事を「ただ」こなし、それだけで1日を過ごすのは非常にもったいないことです。

自分の工夫次第では、仕事も人生も充実し、今以上に有意義に過ごすことができるからです。

先に紹介した秘書の女性をはじめ、一流のビジネスパーソンは、その仕事の報酬として大切な勲章を受け取っています。

それは、尊敬する上司や会社から、「君がいなければ仕事が回らない」と言われることなのです。

どうせ働くのであれば、皆さんもこの勲章を手にできるように目指してみるのはどうでしょうか?

目標があるだけで、普段の気持ちが変わってきます。そうすると、同じ仕事をするのでも、「他の人と違う」皆さんだけの心配りが、知らないうちに身についてくるのです。

✓ 「自分にしかできない仕事」は、目に見えない勲章となって自分に返ってくる

2 評価に違いが出る「気配り力」＋「臨機応変力」

外国人のマネージャーが日本人秘書をもった時、かなりの割合で「やみつき」になるのをご存じですか？

いったい何が、世界トップレベルの辣腕ビジネスマンたちのハートを捉えてしまうのでしょうか。

そして、これは秘書に限ったことではありません。日本人のアシスタントや部下の中にも、外国人上司の心をがっちりつかんでしまう人たちが多く存在するのです。

現に、自分が次の駐在国へ異動が決まった時に、日本での秘書やスタッフに「一緒に国を移って仕事をしてくれるか」と打診するボスも少なくありません。そのためには新天地への査証の手配や住居、現地での給料など、さまざまな人事の手続きや交渉があるにもかかわらず、です。

それでもなお、この部下を絶対に連れていきたいと上司に思わせるものは、いったい何なのでしょうか。

不思議に思い、何人かのエグゼクティブに尋ねてみることにしました。

彼らの答えに共通しているのが、日本人スタッフは、「かゆいところに手が届く」、つまり**一歩二歩ならず、何歩も先を読んで、自分がベストの状態で働けるようにしてくれる**という点です。

単に「仕事だから」ではなく、「相手を思いやった上でのサポート」をしてくれるという意見もありました。仕事ができるのは最低限の条件ですが、それに加えて、世界に類をみない「気配りがある」、という指摘なのです。

あるエグゼクティブはこう言います。

「日本人の素晴らしいところは、『I＝私』という言葉が圧倒的に少ないんだよ。つまり、私がこうしたい、私はこう思う、私は……というよりも、常に「YOU＝相手」を重んじ、相手の立場になって、相手の気持ちを考慮しようとしてくれるところだ。そして驚くべきことに、そこには押しつけがましい態度が一切ないんだよ」

まさにこれが、日本人スタッフにサポートしてもらうと、「やみつき」になってしまうことの答えになっていると思うのです。「なんだ、そんなこと」と思われるかもしれません。

でも、私たち日本の文化に、当たり前のように存在している「相手への思いやり」というものは、実は、世界において十分に賞賛されるべき素晴らしい点なのです。

例えば、スターバックスで。あなたはコーヒーを飲み終わって席を立つ時、どうしますか？　何も考えずに、自分の使った紙コップやナプキンをまとめてゴミ箱に捨ててから帰りませんか？

例えばトイレで。手を洗った後に、手拭き用の紙で自分が飛ばした洗面台の周りの水を、無意識のうちに拭き取ってからゴミに捨てていませんか？

そんな光景は、別に珍しいことではありませんね。でも、その私たちの「当たり前」は、他の国では驚くほど新鮮に受け止められるのです。

就業後、秘書仲間と食事に行くためにエレベーターに乗り込んだ時のことです。久しぶりの外出なので、二人ともうれしくておしゃべりをしていました。そこへイギリス人のCEOが乗り込んできたのです。見ると彼はどこかへ電話をかけている最中。当然のように私たちは黙り込みました。電話の邪魔になると思ったからです。

そして1階についてエレベーターの扉が開くと、CEOが振り返り、「もしかして、君たちは僕の電話の邪魔にならないように黙ったのか？」と聞いてきました。

私たちが「イエス」と答えると、彼は目をぐるっと回してこう言ったのです。

「まさかと思ったが……！　世界中探しても君たち日本人くらいだ、いつでも他人のことを気にかけられる民族は。本当に感動だよ」

どうでしょう？　別に、私たちが特別気の利いた行動をとったわけではありませんね。日本人だったら普通にすることです。でも、この日本の文化にある「思いやり」をあえて意識するだけで、ぐんと相手に与えるインパクトが違ってくるのです。

ただ仕事ができるだけでなく、そこに「相手のことを考えた」仕事ぶりを目指してみてください。「I＝私」ではなく、主役は「YOU＝あなた」で。

今、相手に何をしてあげられるか。それを意識するかしないかだけで、皆さんの「気配り」がぐんと仕事に生きてきます。

アメーバのようになりなさい!?

これほど世界中のエグゼクティブたちからも賞賛される、私たち日本人の「気配り」も、実はあることが欠けてしまうと、それまでの努力が無駄になってしまいます。

ある日、唐突にアメリカ人のマネージャーDさんに話しかけられました。

「君はアメーバを知っているかい？」

生物の授業が大好きだった私は、「もちろん！」と答えました。すると彼はにっこり笑ってこう言ったのです。

「そう、じゃあ話は早い。今日から君はアメーバになりなさい」

普段から何を考えているのか読めない人でしたが、この言葉に私の頭の中は「？」一色になりました。日本人お得意の「笑ってごまかす」戦法に出ようとした私に、彼が続けました。
「ほら、アメーバになりなさいって言ったばかりだろう。君は自分の常識で理解できないことを、アメーバのように相手に沿って考える代わりに、笑ってごまかすことで頭から否定しようとしたんだよ」

もはや呆然とするしかない私に、彼が話し始めたのです。

その前の週末に、彼は家電量販店へ行きました。探していたのは目覚まし時計。見るとなかなか良さそうなものが半額になっていました。ところが、全く同じものなのに、運悪く彼が気に入ったものだけ、その半額札がついていなかったのです。

日本語を話せる人でしたが、「英語しかしゃべれないガイジン」のほうが何かと便利なので、その日も英語で交渉することにしました。「英語ＯＫ」の名札をつけているスタッフを見つけて、彼の選んだ目覚まし時計も半額なのか確認をとろうとしたのです。

ところが、です。このスタッフいわく、「理由があるはずだから、札がついてないものは半額になりません」とのこと。理由は何だと聞くＤさんに、スタッフは首を傾げ、ちょっと聞いて参りますと姿を消しました。そして5分ほど待たされた彼の耳に、信じられない一言が飛び込んできたのです。

「すみません。ちょっとわからないのですが、おそらく色の違いでしょう。半額商品をお好みでしたら、札のついているものを選んでください」

「でも、僕はこれがほしいんだよ！」

段々イライラしてきて、この理不尽なスタッフに詰め寄ると、一瞬ひるんだ彼は「イクスキューズミー」と言うやいなや、脱兎のごとく逃げて行ったのだとか。まるで自分が乱暴者のような気になったDさんは、何も買わずにそのお店を出たそうです。

「彼は海外で育ったんだと思う。なのに、彼の考え方は、日本人特有の融通のなさでいっぱいだったんだ」

そこでやっと、私は彼の言いたいことを理解しました。

彼が指摘したかったのは、私たち日本人の「臨機応変力の欠如」だったのです。

この量販店のスタッフは、自主性と柔軟さを駆使して、Dさんのリクエストに「臨機応変に」対応すべきだったのです。いくら半額の商品だったとしても、1つ品物を売ることができたのですから。
代わりに、彼は1人の顧客を失いました。会社の売上から見たら、大したことではないかもしれません。でも、もしDさんが、家にホームシアターの設置を考えていて、そのお店で購入予定だったと知っていたら？　そのスタッフの上司が、「目覚まし時計なんか、半額どころかタダでお持ちください！」と、満面の笑顔で言っていたかもしれないのです。

アメーバは形がありません。場所に応じて、必要に応じて、どんなところにも「沿える」ように形を変えることができます。Dさんは私に、**何にでも、どんな場面でも「沿える」対応をする**ことで、レベルの高い仕事が可能になる、ということを教えたかったのです。

日々仕事をしていると、皆さんも知らず知らずのうちに、「決まりだから」「そういうものだから」という呪文にとらわれて、自分と仕事の可能性を狭めていることがあると思います。

「だめ」「それは無理」、そう思う前に一呼吸。そして、こう聞いてみてください。

「なぜ、できないの？」

「なぜ、タテのものをヨコにしたらいけないの？」

そう疑問を持つだけで、一気に可能性が広がります。今まで無意識のうちに使っていなかった思考が自由になり、さまざまな対応ができるようになります。そこから相手に沿える、柔軟かつ気配りの仕事が可能になるのです。

☑ 「決まり」に縛られない柔軟思考が、「気配り＋臨機応変」の仕事を可能にしてくれる

3 評価されるのは図々しいことではない

外資系企業が中心だった私の仕事人生の中で、2回、日本の企業を経験するチャンスがありました。

1度目は、当時の四大証券の一つが破綻し、それを私が所属していた会社が買収した時。そして2度目は、リーマンショックとして知られる、米系証券会社の破綻時です。その時は、日本企業に買収された側になりました。

そこでは、日本企業と外資企業の違いを経験しました。

日本企業においては、スタッフが「受け身」でいることが求められていると思います。決められた範囲で、決してその境界線を踏み外さない。仮にそれ以上のことができるとしても「分をわきまえる」、そういうイメージでした。

例えば、秘書室の女性も、有名なフィニッシングスクールを卒業されたのではないかと思うほどの優雅な身のこなし、完璧な気配りと作法で重役の方々をサポートしています。

ですが、私が非常に残念に思ったのが、その完璧な仮面の下に、もっと活躍できる、素晴らしい能力や実力が隠されてしまっていることでした。

外資系企業と日本企業での評価の違い

一方、外資系企業においては、仕事ができる、できないに関係なく、皆が自分を「アピール」するのが普通です。残念ながら、できるスタッフばかりではありませんが、その場合は、きちんと上司や周囲から警告を受けることになります。それで心を入れ替えて立ち直るか、クビになるかのどちらかです。

いずれにせよ、「社員が精査されていく」プロセスが存在しているわけです。

外資系での仕事には「ここからここまで」という線引きはありません。

自分の仕事を最低限しかしないのも、そこから工夫を凝らして、プラスの仕事でアピールするのも個人次第。つまり、やる気とアイディアがあれば、同じ仕事でも、いかようにでも可能性を伸ばすことができるわけです。

そして、自分を評価してくれる上司に、柔軟な考えを持ってもらうことが必要になります。

上司から、その柔軟さを引き出すためには、

- **自分がどれだけ信用に足るスタッフであるかということ**
- **どんなアイディアと実行力を持っているかということ**
- **自分がどれだけ上司のサポートができるかということ**

を毎日の仕事で示していかなくてはなりません。

この方法は、日本企業にも十分当てはまります。

きちんと評価されるためには、**日々単純に仕事をこなすだけでなく、受け身をやめて「能動的」な姿勢を目指してください。**言われたことだけをやるのではなく、「自分にしか

できない一工夫」を加えてみるということです。

「図々しいと思われるのでは？」、「やりすぎなのでは？」、という心配はいりません。普段の仕事にプラスアルファ。それが上司の役に立つのであれば、評価されこそすれ、否定されるはずがないからです。

☑ 自分が努力した分の評価は、堂々と自信を持って受け取ろう

4 人を変えたいなら、まず自分から

「なぜ、この人はこうなんだろう？」

仕事をしていると、人は皆こんなにも違うのかと思い知らされることはありませんか？

ポジティブな違いならば、学ぶところもあって楽しいのですが、ネガティブなものであったら、ましてや、その相手が自分の上司や同僚だったら……考えただけでも暗くなりそうです。

私自身、かけだしの若手社員だった頃には、この壁に幾度となくぶち当たりました。

「どうしてこんな無意味な決まりにこだわるんだろう？」

「なぜ、全体を見ないで、小さいところばかりつついてくるのだろう？」

そんな思いが頭の中をぐるぐるとめぐり、大抵の場合、その結果は不満やストレスになりました。悪いことに、そういうネガティブ思考は、自分で意識して断ち切らない限り、しつこく心にこびりついてくるのです。

ここで、自分に目を向けてみましょう。

あなたは自分が完璧だと思いますか？

欠点なんかない！　と思っている方も、百歩譲ってまずは1つ、自分の「ここはちょっと……」という点をあげてみてください。

見つけましたか？

では、それを「今すぐ」直してみてください。そう、「今すぐ」です。できたでしょうか？

おそらく、無理だと思います。よほどの自分の意志がない限り、「直す」ことは難しいからです。

どうしてこんなことを試してもらったかというと、皆さんに「直す＝変わる」ことの難しさをわかってもらいたかったからです。そして、「自分でも無理なことを他人に求めるのはもっと無理」、という事実を認識してほしかったからなのです。

つまり、「なんでこの人はこうなのだろう」といくら不満に思っても、相手は自分で自覚しない限り変わってくれないということです。


では、いったいどうしたら解決するのでしょうか？

答えは明確です。まず、「あなた」が自分を変えればいいのです。

自分ではなくて「アプローチ」を変える

とはいっても、「あなた」のすべてを変える必要があるわけではありません。

「あなた」の相手へのアプローチを、今までとは違うものに変えればいいのです。

もっとわかりやすく、エピソードをご紹介しましょう。

私が勤めていた米系証券会社の経理部に、Sさんというベテラン女性がいました。大きい金額の経費は、彼女の了承がないと支払ってもらえませんでした。

ですが、この彼女、とにかく何をどう頼んでも快諾してくれるということがありません。口角も下がり気味、頼みに行くとうんざりとした表情で書類を受け取り、何かしら「ケチをつける」ので有名でした。

それがわかっているので、金額の大きい経費が発生するたびに、「Sさんに何を言われるか」と、気がずーんと重くなっていました。

ところがです。ある日、Sさんの話題が出た時に、B子さんが言ったのです。

「え？　なんで？　Sさん悪い人じゃないわよ。この間も、私が急ぎじゃないと言ったのにその日のうちに処理してくれて。私が申し訳ないと思ったくらいだもの」

そこにいた全員の口があんぐりとなりました。

「なんでB子さんだけ！　ずるい！」

「あなた、何かワイロでも渡してるの？」

「彼女はいつも文句ばかりじゃないの。文句を言われたことないの？」

B子さんは少し考え込んだ後、こう答えたのです。

「うん、最初は怖かったわよ。『こんなひどい書類受け取れません！』って突き返されたこともあるし。でも私、処理してもらわなければ自分がまずいことになると思ったから、すぐさまお詫びを言ったの。それで席に戻って、急いでやり直したのよ」

やっぱりね、という表情で皆がB子さんを見つめます。

「それで、できた書類を持って、物陰から彼女の様子をうかがったの。そしたらちょうど彼女が、う〜んと伸びをしていてね。チャンスと思って彼女のデスクに行って、まずお礼とお詫びを言ったのよ。『さっきはご指導いただいてありがとうございました。まだ慣れなくてご迷惑をおかけしましたが、アドバイスしていただいた通りに直してみました。今度は大丈夫だと思いますが、お時間がある時で結構ですので、ご確認いただければと思います。お忙しいところ、2回も申し訳ございません』って」

「なんであなたが謝るのよ！　それが彼女の仕事じゃないの」

一人が憤りました。

「そりゃそうよ。でも、彼女があそこのマネージャーなんですもの。彼女がこれ、というやり方に私たちが合わせるのが一番でしょう？」

B子さんの何気ない一言に、そこにいた全員が黙り込んだのです。

おわかりでしょうか？　B子さんが嫌な思いをせずに、Sさんとうまく仕事ができている秘訣がここにありました。

Sさんのことを、「なぜ、あの人はいつも嫌味ばかり言うの？」と不愉快に思い、ネガティブの渦にはまっていく前に、B子さんはまず自分の考えを変えたのです。

ここはSさんのテリトリー。だったら自分が変わって「彼女のやり方」に合わせて、「彼女の望む」ものを提出しよう。同時にきちんとお礼とお詫びを言って、彼女への気遣いも示そう。B子さんのアプローチはお見事でした。

本人は自分が何をしたのか気づいていないようでしたが、その結果は歴然。

もちろん、いまだに嫌味やお小言はあると言いますが、それでもSさんはB子さんの書類をきちんと処理してくれます。

もともとSさんは仕事のできる人です。ですからB子さんが言わずとも、急ぎのものは急ぎと理解して、早めに処理してくれたりもするのです。

難しい人、嫌な人、苦手な人……。毎日の仕事でこういう人に対峙したら、まずは皆さんのアプローチを変えましょう。

一つ試してダメだったら、先入観で決めつけずに、次の手を。そして、どうしてもダメだ！　と思ったら、思い出してください。

自分にも変えられない欠点があるのだから、相手にそれがあっても当然。そして、その人が「してくれない事実」から焦点をはずし、「してくれている事実」に集中しましょう。

皆さんが「なぜ、この人はこうなのか？」という思い込みを手放せば、きっと必ず相手が変わってきます。

☑ 「自分が変わる」ことが、苦手な人を少なくする秘訣となる

5 「ギブ&テイク」でなく、「ギブ&ギブ」の精神で

ギブ&テイク――。この言葉はよくご存じですね。相手に与えて、自分も受け取る、という意味ですが、仕事においてはこの考えは思い切って捨ててください。

そうすれば、あとで必ず自分にプラスとなるからです。

仕事をしていると、一度や二度はこんなことを思ったことはないでしょうか？

「なんで自分ばかり」

「自分はすごくがんばっているのに、十分に認められていない」

「自分はこんなに大変な仕事をさせられているのに、他の人はラクそうだ」

などなど。

そしてこれらの感情が厄介なのは、一度頭に浮かんでしまうと、あとはどんどん繁殖し

て大きくなってしまうことです。

そこできちんと対処しなかったり、自分の大切なエネルギーを、こんな感情で無駄遣いしていることに気がつかないでいると、良い結果は訪れません。絶対に、です。

こんな感情が生まれる理由は、最初にお話しした、**「ギブ&テイク」の考えから抜け出せないでいるから**です。「こんなにがんばっているんだから、見返りを受けるべきだ」という考え。

でもそれをあえて「**ギブ&ギブ**」、つまり、「見返りを求めずに与え続ける」という考えにシフトさせるのです。

私生活までぼろぼろになるほど会社に尽くせ、と言っているわけでは断じてありません。自分が精一杯尽くしているにもかかわらず、「第三者の立場から見ても」上司や会社からきちんと評価されていないと思えるのであれば、当然、改善や転職を視野に次のステップに進むべきです。

でも、そこまでの覚悟がないのであれば、まずは「ギブ&ギブ」を試してみましょう。

例えば、同じ仕事をするにしても、「相手のことを考えて」仕事をしてみたり、先まで考えて「相手が動きやすいように」仕事をしてみてください。きっといつもより良い成果が得られるでしょう。

また、これは自分の仕事範囲ではない、と勝手に境界線を設けずに、自分の手が空いていて余裕があれば、どんどん同僚や上司を手伝いましょう。もちろん、相手からの「見返り」は求めることなく、です。

すべては自分に返ってくる

そんなのきれいごとだと思いますか？　いえいえ、ここで何が起こるかというと、皆さんの仕事のやり方に変化が出るのです。

見返りを求めずに、相手のことを考えて仕事をするクセは、今のあなたの仕事レベルを何段階もアップさせます。

その意識が仕事の効率を上げて、あなたをクリエイティブな仕事ができる人間へと変身

させていくのです。

ここまでくると、皆さんの頭の中は、「褒められるために仕事をしている」から、「いかに自分の仕事のレベルを上げるか」「いかに相手を満足させる仕事をするか」にギアチェンジされます。

すると、自然と上司や周りからの評価がおまけのようについてくるのです。

こんな些細な考え方一つで、全体が変わってくるなんて、「そんなわけない」と思ってしまうかもしれません。でも、「なんで自分ばかり」と悶々としているよりは、ダメモトで一度試す価値があると思いませんか？

「自分は見返りを求めない！　ギブ&ギブで仕事をする！」

声に出して何度でもそう宣言しましょう。そのメッセージは必ず頭にインプットされてスイッチが入ります。

あとは集中して、自分にできることはすべてやってしまいましょう。

損とか得とか考えている暇があったら、誰のためでもない、自分のために「ギブ&ギブ」。今日からの仕事が、きっと違ったものになります。

☑ **見返りを求めない仕事には、期待していなかった評価がついてくる**

6 最終的に自分の価値を決めるのは自分

皆さんは自分に自信がありますか？

仕事、話術、容姿、性格、趣味など秀でていると思えることなら何でもかまいません。自分で「これだけは自信がある」というところを探してみてください。

見つけた方は、どうかそれを大切にどんどん伸ばしていってください。自信はあなたを輝かせるからです。自分が折れそうになった時にも、自信があれば乗り越えられるからです。

一方、なかなか見つからないという方。それはどうしてかおわかりですか？ ずばり、それは皆さんが十分に自分を「認めて」「褒めて」あげていないからなのです。

「褒めるところがない」と思っている方。本当にそうですか？　本当に取り柄は一つもないのでしょうか？

決してそんなことはありません。

仕事を例にとってみましょう。入社と同時に営業職に配属された人の中で、成績が上がる人と上がらない人がいます。けれどそれで仕事ができる、できないと決めつけるのは、全く根拠のないことです。営業に「向いている」か「向いていない」かということだってあるのです。

例えば営業でトップの成績を収めている人を、今度は経理の仕事に就けたとします。そこでもその人がトップと認められれば、その人はあらゆる意味で、「仕事ができる人」となりますが、そんな例は稀でしょう。

一方、営業で良い成績を出せなかった人が、経理部で抜群の仕事ぶりを披露することは十分にあり得ます。ですから、今現在、自分の仕事が好調でなかったとしても、決して「あなた自身」を否定する必要はないのです。

それよりも一歩引いて、自分を外側から見てみましょう。「他人の目で」自分を観察し、評価してみるのです。

自分が得意としている分野がありませんか？　ファイルづくり、統計取り、人の名前を覚える、人よりも気がつく、お茶がおいしく入れられる……、何でもかまいません。いくつでも思い出してみてください。

次に、その思いついた部分に焦点を当ててみましょう。それが仕事にどう役立ちますか？　人の名前を覚えるのが得意なら、社内の人でもお客様でも、お会いした時に、その方のお名前で呼びかけてみましょう。きっと喜ばれるはずです。

ファイリングが得意なら、自分のものだけでなく、上司や同僚のファイル整理をさりげなく手伝ってあげましょう。

自分が得意なことにスポットライトを当てれば、そこがさらに光り輝くようになります。すると不思議なことに、そこから別のところへもライトが当たっていくのです。

得意なファイリングをさらに見やすくするために工夫を凝らす、そうしているうちに自分がファイリングしている内容が頭に入る、仕事で誰かがその情報を必要としていると、躊躇なくその情報を提供できる、相手から感謝されると、さらに意欲が湧く……。そんな具合です。

自分を褒めると良いスパイラルが生まれる

ここで何よりも大切なのは、まず「自分で自分を褒めてあげる」こと。それが自信への大切な一歩になります。

「今日は上司に怒られたけど、そのあと必死に挽回して、新たに仕事を取ってきたぞ！俺、よくがんばった！」

「同僚がお休みだったから、二人分の仕事を片付けた。よくがんばったね、私！」

「ガミガミ言う上司にキレそうになったけど、笑顔で対処したから事なきを得た。私ってすごい！」

こんな風にです。

自分を褒めて得られた自信は、さらに皆さんへパワーをもたらすのです。「大丈夫、やりこなせる」というパワー。「もっとチャレンジできるかも」というパワー。

自信とは、小さな種に水をやって大輪の花を咲かせるように、皆さんが「自分自身で」大切に育てるものです。誰のためにでもない、皆さん自身のためです。

せっかくがんばっているのですから、自分に毎日必ず褒め言葉をあげましょう。**自分の価値は自分で決める**もの。他の誰にも、その権利を渡さないでください。


自分で自分を認めてあげなければ、誰からも認められることはない

2章

「君がいないと仕事が回らない」と言われる気配り仕事術

1　気配りの5原則

この章では、気配りができると、どれほど仕事に違いが出てくるのか、そして実際にどうすれば気配りができるようになるのかをお伝えしたいと思います。

1章でお話しした通り、幸いなことに私たち日本人の間には、気配りが自然に存在しています。あとはそれをどうやって引き出してあげるかで、誰もが「気がきく」と言われる気配りが可能になるわけです。

それではまず、「気配りの5原則」をご紹介しましょう。

①1言われたら10まで用意する

②in someone's shoes（相手の靴を履いてみる）

③ どんな時でも最後までフォローアップ

④ 感情の波に左右されない

⑤ とにかく観察、いつでも好奇心

この5原則について、詳しく説明していきたいと思います。

① 1言われたら10まで用意する

上司から仕事を命じられた時の最重要の心得です。

「1言われたら10まで用意する」という心がけは、皆さんの仕事に信頼感と確実性をもたらします。

例えば、頼まれた仕事を提出した時に、上司がその結果を気に入らなかったり、急に気を変えたりと、想定外の状況になったとします。あらかじめ先の先まで読んで、対策を10まで考えてあれば、すぐに次の手を打てるわけです。

同じように、思わぬハプニングで次の会議までの移動時間を考えると、このあとのスケジュールが狂ってくる……そんな場合にも、「万が一」の策を事前に練っておけば問題ありません。その場の状況に応じて、10まで考えてあるプランを「これでもか！」と先制パンチの勢いで繰り出し、次々と状況打破を図ります。

② in someone's shoes（相手の靴を履いてみる）

仕事の先には、必ず「相手」がいます。だからこそこの考えが非常に役に立つのです。何かに行き詰まった時だけでなく、日頃から、この「相手の靴を履いてみて」、つまり、相手の立場になってみて考えることを習慣づけるだけで、驚くほど仕事がレベルアップできます。

あなたが考えた「おもてなし」が、いつも正しいとは限りません。「人を気遣う」ということは、「相手の立場になってみる」「相手の気持ちに寄り添ってみる」ことです。そうして初めて、相手がどうしてほしいのか、何がこの人にとっての「気遣い」なのかが見えてくるわけです。

「気遣う」主役は相手なのです。仕事をする前に、している最中に、常にボスの靴、同僚の靴、お客様の靴を履いてみましょう。

③どんな時でも最後までフォローアップ

仕事はやったからいい、というわけではありません。自分がやった仕事の「結果」まで確認して初めて、「任務完了」となります。

例えば、お客様との重要な会食を手配することになったとします。事前にお客様のお好みや場所を確認して上司と相談し、最適なレストランに最高のテーブルを用意する……ここまでは誰もが気をつけられることですね。

けれど、そこまでだったら「普通」の手配です。

任務完了とは、お客様のご到着、お食事中、お食事後、お客様と上司が帰宅するのを確認するまでの全行程です。自分がそのレストランにいて、すべてに目を光らせることができればベストなのですが、そうもいきません。ですから、最初にレストラン側と打ち合わせをし、必要であれば時間をつくってそのレストランの責任者の方にご挨拶に行きます。

きちんと顔を合わせてご挨拶をする、その一手間は、あなたの状況を有利にしてくれます。ハプニングの際の対応時間に、格段の差が出てくるからです。何かあれば自分にすぐ連絡がくるよう携帯番号を伝えておけば、食事が終わった時に連絡をしてもらうこともできます。

無事に会食が終わり、滞りなくすべてが終了した後には、レストランの方への御礼も忘れずに。ここまでして、「気配り仕事」が完了するのです。

何も会食だけでそこまで……そう思われる方も多いと思いますが、「だからこそ」なのです。どんな小さなことでもきちんとやり遂げる、その姿勢がすべての仕事に関わってきます。次項で詳しくお話ししますが、小さなことをバカにして、「これは自分なんかがやる仕事ではない」という発言をする人ほど、実は仕事ができません。なぜなら小さなこと＝大切な基礎ができていないからです。

④感情の波に左右されない

Nさんは仕事ができる美人秘書。でも、一つだけ欠点があります。プライベートで彼氏と何かがあると、必ず次の日に影響するのです。ヒステリーや八つ当たりはありませんが、表情も態度も暗くなり、集中できずに、ミスが出て完璧な気配りができなくなるのです。

これこそが「感情の波に流される」ということです。私たちは日々さまざまな感情に囲まれています。でも、そこで自分に言い聞かせなくてはいけないのは、当たり前のことですが、「仕事とプライベートを完璧に分ける」ということです。スイッチの切り替えをしなくてはならないのです。そのためには、次のような気づきで自分を「訓練」すればいいのです。

まず、会社は「皆さんが１００％集中して仕事をする」ことにお金を支払っている、ということを意識しましょう。つまり、皆さんのプライベートは、会社には全く関係がないのです。自分の感情をコントロールできずに仕事をした結果、会社での評価が落ちたり、最悪のケースではクビにならないとも限りません。

どうか覚えていてください。あなたの人生に何が起きようとも、会社や他の人には一切関係のないこと。そして感情にコントロールされれば、せっかくのあなたの気配り力は、どこかへ飛んでいってしまいます。実にもったいないですね！

⑤とにかく観察、いつでも好奇心

仕事中だけでなく、仕事外、例えば毎日の通勤中の時間も、常に耳と目をオープンにしてみてください。本当にびっくりするくらいの情報が流れ込んできます。電車の中での人の会話や行動。周囲にある広告。歩いている街並み。ただ歩くのではなく、ただスマホに集中するのではなく、人やものや状況を、興味を持って観察し、好奇心を持つことで、いずれ意外な場面でそれらが役立ってくるのです。

そしてそれらは、思いもよらない時に皆さんを助けてくれます。

「あ、あそこでこんな場面があったから、上司の仕事に役立つはず」

「へえ、こんな方法もあったんだ。お客様に提案してみよう」

人への興味は気配りへのエネルギーの源です。数多くの例を見るから、数多くの人から学ぶからこそ、あなたの気配り力は自分でも意識していないうちに身についていくのです。

いかがでしょうか? まずはこれら5つの基本から、実践してみてください。すると、皆さんの中に眠っている「気配りスイッチ」が入ります。そうしたらしめたもの。小さな変化が大きな変化に、気づけば「必要とされる仕事」ができるようになっています。

☑ **「気配り」は日本人なら自然と持っているもの。あとは起こして訓練してあげればいい**

2 基本ができなければ大きな仕事は絶対に無理

以前私が働いていた部署は、トレーディングルームと呼ばれるところでした。会社のお金を動かしてさまざまな手法で売り買いをし、お金を儲ける「トレーダー」たちが活躍しているところです。そこに、私と同い年の一人の女性、Mさんがいたのです。

彼女は、学生時代を海外で過ごし、英語を完璧に操っていました。一見ほわんとしていますが、頭の回転の速さは皆が一目を置くほど。取引をする時も冷静沈着、決して過度に感情を表に出しません。

他のトレーダーたちが、時としてキーボードや受話器を叩きつけて破片が宙に舞ったり、雄叫びをあげている時も、ちらっと見て面白がっているだけ。自分は飄々としています。よっぽど負け知らずで儲かっているのかと思えば、「そんなことあるわけないじゃん！　でも、損を出したからって、吠えても、物を壊しても戻ってくるわけじゃないからやらないだけよ」と相変わらずの涼しい顔。とにかく同い年ながらあっぱれ、の彼女でした。

ある日、お客様を何十人もお招きするセミナーの準備をしていました。お客様用の大量の資料コピー、鉛筆を何十本も削ったり、ファイルに必要なものを入れたりと、いわゆる事務仕事をしていた時です。Mさんがふらりとやってきました。

そして私に向かってこう言ったのです。

「今、市場がすごく静かで退屈なの。私にも何かやらせて？　私コピー取り、めちゃくちゃ得意なんだから！」

一瞬耳を疑いました。同い年とはいえ、彼女は私に用事を言いつける立場にあるのです。その彼女が私の仕事を手伝いたいとは……。

けれども猫の手も借りたいくらい忙しかった私は、ありがたく彼女の申し出を受けることにしました。そして、彼女の望み通り、何百枚にもなるコピー取りと、それを資料ごとにまとめていく作業を頼んだのですが、その彼女の仕事の速さといったら……まるで機械のように次々と完成させていくのです。

それだけではありません。どんどん作業をアップグレードさせて、より良い方法を編み出していきます。鼻歌を歌いながらあっという間に仕上げてしまったMさんが、振り向いて言いました。

「終わっちゃった！　ねえ、もっと何かやることない？」

思わず笑い出した私の横を、トレーダーを目指している、まだ「卵」の女性が通りかかりました。怪訝そうな顔でこの状況を見て、Mさんに一言。

「なんでトレーダーのあなたが、こんなコピー取りなんかしているの？」

そう言うと、ふんと鼻を鳴らして歩いて行きました。

その後ろ姿を見送りながら、Mさんが淡々とこう言ったのです。

「あの子ね、コピー取りをバカにしてるでしょ、でも、コピー取らせたらまともにできないわよ」

基本を馬鹿にする人は成長しない

そのシーンを私はその後、何度も思い出しました。なぜなら、あとになってようやく、Mさんの言わんとしていたことが理解できたからです。

「卵」の彼女は、コピー取りをバカにして、もっと重要な仕事だけをやればいいと思っていました。けれどMさんの指摘通り、コピー取りもまともにできない彼女に、さらに上の仕事などできるわけもなく、彼女の能力も評価もそこまででした。

Mさんは、**「基本ができなければ、大きな仕事などできるわけがない」**、そう言いたかったのです。

できる人こそ、何をやらせてもできるのです。基本がしっかりしているからこそ、ぶれない今の仕事と地位があるということ。逆に、基本をバカにしたり、おろそかにしている人は見かけ倒しで、本当に仕事ができるわけではないということを覚えておいてください。

自分はベテランと胸を張って言える場合でも、時には初心に戻って「基本」を見直してみましょう。

昔に比べて手を抜いていませんか？　基本がおろそかになっていませんか？

基本の大切さをいつも心に刻むことで、あなたの仕事の質が違ってきます。

おごりを遠ざけ、確実な仕事を提供することが、皆さんの「必要とされている度」を一層高めてくれるのです。

☑ どんなに仕事レベルが上がっても、意識していつも基本を思い出すようにする

3 自分の仕事以外もすべてが守備範囲

よく「自分の仕事はここからここまで、あとは知りません」というタイプの方がいます。もしかしたら、他の人のテリトリーに無断で踏み込むようで、失礼だと思っているのかもしれません。

しかし、「ここからここまで」と自分の仕事の範囲を決めてしまう行動は、せっかくの自分の能力の幅を狭めてしまうことになるのです。

自分の周りの人がどんな仕事をしていて、どんな役割を果たしているのかを知ることは、必然的にその人たちの仕事内容にも興味を持つことになります。

興味を持てば自然に知識が吸収され、いずれ自分の仕事に役立ちます。すると皆さんの仕事の幅がぐんと広がるのです。

こんなエピソードをご紹介しましょう。

ある部署内で総務をしている、契約社員のTさんという女性がいました。彼女は、隣の席で人事・採用担当をしている男性の仕事を、自分の仕事の合間に興味を持っていつも観察していました。

そして、観察しているだけでなく、その男性社員が多忙な折には、自ら申し出て手伝ったりしていたのです。

その男性社員は、彼女に感謝するとともに、彼の仕事を少しずつ教えてくれるようになりました。Tさんはそれがうれしくて、自分の仕事をできるだけ早く片付け、上司に文句を言われないように気をつけながら、採用の仕事を学んでいったのです。

ある時、この男性社員の家族が病気になり、急きょ2週間の休みをとることになってしまいました。進行中の採用案件がいくつかあり、誰かがすぐにその仕事を引き継ぐ必要がありました。そこで上司が人事部に応援を頼もうとしていた時、Tさんは勇気を出して言ったのです。

「私、ずっとお手伝いをしながら仕事を見てきました。2週間の間、採用の仕事のカバーができると思います」

上司は彼女のこの申し出を一笑に付しました。経験もなく、正社員ではない彼女にはとても無理だと思ったからです。

ですが、あまりの彼女の熱心さに、一応、採用担当の男性に意見を聞いてみることにしました。するとどうでしょうか、この男性の答えはこうだったのです。

「彼女ならできると思います。2週間、彼女にカバーしてもらえれば安心です。私からもお願いします」

結局、毎日の仕事内容を、上司とこの男性にメールですべて報告するという条件付きで、Tさんは2週間、採用の仕事を任されることになりました。

結果は大成功。もちろん、途中何度も上司や男性社員の助けを借りましたが、それでも最後には、Tさんの熱心さと一生懸命さに、上司までもが感心したそうです。

そしてTさんの実力はきちんと認められ、正社員にならないかというオファーをもらいました。それでも彼女は努力を続け、1年も経たないうちに、もっと大きな仕事を担当するようになったそうです。

Tさんが優秀な社員として、上司に大切にされたことは言うまでもありません。彼女は、自分に与えられた仕事だけでなく、周りにどんな仕事があって、それと自分の仕事がどう絡んでいるかを理解することによって、自分の仕事の質を高めていったのです。

スタートの立ち位置は関係ありません。要は、いかに皆さんが自分の仕事だけでなく、「すべてが守備範囲」という気持ちを持てるかということ。そうすれば、「いなくてはならないスタッフ」へと自分を変えていくことができるのです。

☑ 自分の仕事の範囲を限定しなければ、あらゆる方向に道が開けてくる

4 「○○だと思います」という仮定的な言葉は使わない

仕事をしている時、特に上司や目上の人に報告をする際に、ぜひとも気をつけていただきたい言葉遣いがあります。

それは、「○○だと思います」や「○○だそうです」のように、断定的でないものの言い方です。

理由は簡単です。頭の良い上司であれば、皆さんが、その情報をきちんと理解せずに、伝言ゲームのようにただ伝えているだけなのを見抜いてしまうからです。

つまり、自分が得た情報を怠けて「分析」せずに、相手へ伝えただけ、ということになります。それならば、小さい子供にもできること、社会人としては不十分なのです。

「情報を分析する」という作業は、まず、その情報の真偽を確かめ、さらに他の確定要素を加えて充実させ、最短の時間で、「断固とした、確実な事実」として上司に伝えることを意味します。

そのためには、必ず「**ウラをとる**」ことを習慣にしてください。それはただでさえ多忙な上司や目上の人の時間を無駄にしないだけでなく、彼らの皆さんへの信頼度が上がることを意味します。

あなたが上司の立場になってみたらどうでしょう。あなたが二人の部下に、同じ件で同じ質問をしたとします。

「聞いてみましたが、〇〇だそうです」というA子さん。

「聞いてみましたところ、〇〇という説明を受けましたので、別途、他のところにも確認しました。結果、確かにそれで合っていることがわかりました」というB子さん。

どちらの部下を評価しますか？

迷うまでもなく、B子さんですね。なぜなら、彼女は伝え聞いた情報をそのままボスに「〇〇だそうです」と伝えるのではなく、別の部署に「ウラをとり」、情報が確実なものと確認したからです。

言ってみれば、A子さんの報告は無責任であり、B子さんは、社会人として責任のある報告をしたということです。

語尾一つで評価が変わる

私は以前、この件で失敗したことがあります。

「I believe ～」（私は○○と信じている）という、私としては「○○と思います」と言うよりもかなり踏み込んだ言い方をしたのですが、言い終わる前に、上司の怒鳴り声が飛んできたのです。

「二度と、私に、そんな報告の、仕方をするな！　君が何を信じようが、私には一切興味はない。事実かそうでないか、それがすべてだ！」

ギロッとにらみつけたまま、一語一語区切りながらのボスの厳しい叱責でしたが、我に返った私がまず思ったのが、「ごもっとも」でした。

以来、誰に対しても、決して同じ失敗はしなくなりました。するると興味深いことに、その後についたボスから「君の報告は曖昧な部分がなくて良い」と褒められたのです。

皆さんはぜひ、私のような失敗をせず、そして誰からも怒鳴られることなく、報告する際には情報確認、伝え方に気をつけてください。

☑ 報告は十分な「ウラ」をとってから。断定口調を習慣にする

5 箱から飛び出して考えるトレーニングをする

私たち日本人は、決まりには必ず従うように、人と同じ行動をするように、としつけられてきました。そのおかげで、今の日本が「世界の中でも際立って秩序と安全が揃った国」との評価を受けているのは事実です。

ですが、あえてここでは、その決まりという「箱」から飛び出してみることをおすすめしたいと思います。

例えば、こんな例があります。

ある日、上司のクレジットカードに、身に覚えのない請求が上がってきました。上司からすぐに確認するように言われた皆さんは、早速カード会社に電話をします。

すると、担当の男性にこう言われました。

「ご連絡ありがとうございます。2～3日中に確認の上、返金が可能かどうかお返事致しますので、しばらくお待ちください」

その旨を伝えると、上司から雷が落ちたのです。

「どういうことだ？　自分のお金が戻るかどうか、私にただじっと黙って2～3日も待っていろというのか？」


何がいけなかったのでしょう。皆さんは上司に言われた通り、すぐにカード会社に不正取引を報告しました。その結果、カード会社の担当者はマニュアル通りの返答をし、皆さんはその指示に従って、「2～3日待つ」ことを上司に報告したわけです。

どこにも間違いはありませんね？　ですが、**「間違いがない」から、あなたの仕事は完璧だったのでしょうか？**

ここで質問です。上司が結果を気にしてイライラしているのがわかっていたのに、なぜ2～3日待つようにと彼に言ったのですか？

実はこれが、私たちが「決まり」に慣れきってしまった結果、「考えるのをやめてしまった」という証拠なのです。「決まり」には疑問を呈さないのが常識。その考えが、**皆さんの仕事レベルを上げる邪魔をしている**のです。

「決まり」から飛び出せば不可能も可能に変わる

2~3日と言われても、もしかしたら明日、いえ、もっとプッシュして、今日中に何らかの返事をもらえるとは考えませんでしたか?

どうしても2~3日かかるのかもしれませんが、それでも交渉次第では、「不可能が可能に変わる」ことは、驚くほどたくさんあるのです。

これこそが、**決められた箱の枠から思い切り飛び出して、自由な思考でものを考える**ということです。

つまり、視点を変えて、従来の自分とは違うものの見方をしてみること。それによって仕事の効率を上げられたり、スピードアップできたり、上司からもっと認められたり、そして何よりも自分が満足感を得ることができます。

もちろん、会社の倫理規定に触れるような飛び出し方はおすすめしません。ですが、社員として許される範囲での飛び出し方であれば、皆さんだけでなく、会社にとってもプラスになるはずです。

☑「決まり」に縛られない自由思考の仕事は、プラスを生み出す原動力に

6 教えを請う相手は360度にいる

目上の人や、尊敬している人に教えを請うのは難しくない行動だと思います。なぜなら、「この人は自分にないものを持っている、自分が学べるものを持っている」という認識が当然のごとくなされているからです。

けれど、それが例えば、自分があまり敬意を抱いていない相手だったらどうでしょうか？　おそらく大抵の人がこんな風に思うのではないでしょうか？

「自分より経験も知識も下の相手から学ぶことなんて、あるはずがない」
「なんで自分のほうが上なのに、教えてなんて言わなくちゃいけないんだ」

でも実は、そんな相手から学べることが、考えられないほどたくさんあるのです。それに気がついた人はとてもラッキー。期待もしていなかった相手から、知識を得られるチャンスに恵まれたわけですから。

小さな見栄っ張りを捨てよう

Kさんは、都内のある地域を地盤にして仕事をしてきた、ベテラン営業マンでした。ある日、新人の部下を連れて車で営業回りをしていた時、交通事故で一方通行の道が完全に詰まってしまっていました。

後ろに下がろうにも、後続車が何台もいて身動きがとれません。周りがクラクションを鳴らしているので、自分までがイライラしてきました。

そんな時です。社内でもおとなしい、というより暗い感じの部下が、いきなり提案してきたのです。

「Kさん、もう少し行けばコインパーキングがあります。そこに車を止めて、お客様のところまで歩くか、途中からタクシーにしましょう」

自分の庭のように知り尽くしていた地域のことを、新人に指摘されたKさんは、少しムッとしました。

「なんでお前がそんなことを知ってるんだ」

イライラがつい口調に出てしまったそうです。すると、この新人は恐縮しながら、こう答えたのです。

「実は昔、大学のサークルに入っていた時にこの辺によく通っていて……。打ち上げのお店を見つけるために、とにかく歩き回ったんですよ。おかげで裏道や抜け道は結構知ってるんです。もしよろしければの提案なんですが……」

正直に言ってKさんは、この新人が仕事ができるとは思っていませんでしたし、ましてや「尊敬」などという言葉は頭の片隅にもありませんでした。

ですが、この日の彼の機転で、無事にコインパーキングがまだ空いているうちに駐車でき、Kさんいわく、「笑ってしまうような」抜け道に案内されて、無事、約束の時間前に目指すお客様のところへ到着できたのです。

ここでKさんが優れていたのは、見栄っ張りではない素直な性格だったこと。

「おまえはすごいなあ」

尊敬する先輩に褒められたこの新人は、とてもうれしそうな顔をして、おずおずと自分の知っていることをKさんに話し始めたそうです。

そしてKさんは、自分の庭同様に知り尽くしていたはずの地域について、さらにエキスパートになったのだと言います。

人を見下したり、この人は知らないから、と決めつけるのは、**その瞬間に「新しいことを学べるチャンス」を放棄することになります**。

目上の人は当然のこと、周囲360度、すべての人に教えを請いましょう。そして誰に対しても素直に「教えてください」と言えるように、自分の心の中に存在する、小さな「見栄っ張り」にさようならをしておきましょう。

これも皆さんの価値を上げる、ちょっとした習慣です。

✓ 自分の「師」はそこら中にいることがわかると、もっと成長できる

7 「奥の手ポケット」はいつも十二分に満たしておく

問題が起きた時、一番にするべきは「トラブルシュート（問題解決）」です。一刻も早く原因を突き止め、対処法を短時間で見極めることが要求されます。

けれど、予想もしていなかった状態に、少なからずパニックに陥っているはず。そうすると、思考にも自動的にブロックがかかってしまい、出せるべき良案も出なくなります。

こんな時に活躍するのが、「**奥の手ポケット**」です。皆さんを助けてくれるアイディアの詰まった、ドラえもんのポケットのようなものだと思ってください。

ただし、このポケットは普段から、自分でいっぱいにしておかなくてはなりません。その上でそれらを必要な時に、必要な場面で、最適な使い方で役立てるのです。

では、ポケットをアイディアでいっぱいにするには、どうしたらいいのでしょうか？

それには、日頃からあらゆる場面で「もし〇〇が起きたら？」と、トラブルを想定しておくクセをつけましょう。

例えば、大切なお客様をお招きしたセミナーを企画しているとします。何度も確認を重ねて、準備は万端のはず。でもそこで、「あえて」トラブルを想定するのです。

・スピーチをする人の車が事故渋滞に巻き込まれて30分遅れることになった
・急にPCが壊れて、プレゼンテーションを映せなくなった
・予備の席を用意しておいたにもかかわらず、参加予定ではなかった人が10人も余計に現われてしまった

その一つずつに最適な対処法を想定し、アイディアとしてポケットにしまっておきます。

皆さんがいかに、「奥の手ポケット」に代案アイディアを用意しているかによって、ト

ラブルシュートの速度と、周囲の満足度が変わってくるのです。

普段からいろいろな場面を想定し、アイディアを「ポケット」にためておくのです。そして、いざという時にスムーズにことを運べるように、シミュレーションを重ねます。

「奥の手ポケット」を大きくするヒントはどこにでも転がっている

全く思ってもいなかった時に突きつけられる、「NO」への対処も同じことです。120%相手が「NO」と言うはずがないと思っていても、それでもなお、「万が一の代案」をあなたがポケットに潜ませていたら……。

それは確実にあなたのピンチを救うはずです。その時に使わなかったとしても、「余計なことを考えて損した」などと思うことはありません。なぜなら、きっと別の機会で役に立つからです。

アイディアのためのヒントは、周り中に存在しています。会社へ来る途中の電車の中、ふとした時に聞こえてきた知らない人たちの会話の中、テレビや雑誌の情報、実にあらゆるところに、皆さんを助ける情報は転がっているのです。

備えあれば憂いなし、「奥の手ポケット」が大きければ大きいほど、仕事は安泰です。どんな時にでも、すぐに「トラブルシュート」できるのですから。

☑ 普段から意識して「トラブル」の場面を想定すれば、解決アイディアが湧いてくる

8 目と耳はフル稼働、口は鉄壁の守りで

情報は多ければ多いほど、仕事にとってプラスになります。

もちろん、入手した情報すべてが役に立つわけではありませんから、それらを賢く取捨選択する技術も必要です。何が自分の役に立つのか、しっかり見極めるためには、毎日を漫然と過ごすのではなく、好奇心を持って身の周りを観察して、情報源を増やしましょう。

いつでも目と耳は、フル稼働。自分の仕事をしながら、アンテナを立てるように必要な情報があればキャッチしてください。

聖徳太子レベルとまではいいませんが、一つのことをしながらでも、周囲の状況を把握

することは、練習次第でいくらでも可能です。

そして、自分のものにした情報は賢く利用、必要なこと以外は自分の口から漏らさないようにしましょう。

あなた次第で噂が情報になる

世の中には、噂話をする人を「良くない人」と考える風潮があります。「私は噂話はしない」と強い意志で決めている人も多いと思いますが、それは必ずしも正しい選択ではないと思うのです。なぜでしょうか?

噂話というのは、「理由がなければ」発生しないからです。そして、その理由をはっきり理解した上で、「聞いた噂話を、自分の口から他の人に広めない」という条件の下では、**噂話はあなたにとって重要な情報源になりうる**からなのです。

仕事ができると言われている人は、情報通です。なぜか、全然関係のない部署や社外のことまでびっくりするくらい知っていたりします。

けれど、何か起きた時にはその情報に助けられ、誰よりも早く誰よりも効果的に、次の手が打てることになるのです。

「噂話」が苦手という方も、少し考え方が変わりましたか？

重要な情報を、目と耳で積極的に取り込むのも自由。そして、それをどう役立てるのかも自由。あなたが口を固く閉じて、他に広めない限り「噂話」にはなりません。**噂話にするのも、重要な情報にするのも、すべてはあなた次第**です。

☑ 「情報」の力を侮るなかれ。噂話も扱い次第では立派な「情報」になる

3章

どんな上司とでもうまくいくボスマネジメント

1 どんな上司とでもうまくやるには

どんな上司とでもうまく付き合う。夢のような話ですが、その気になれば実現可能なことなのです。いくつか、そのコツをご紹介しましょう。

① 主役は上司に譲る

「主役は上司に譲る」、つまり、すべてを「上司、上司」に変えてみるのです。

「上司だったら、どう考える？」

「上司は今、何をしたい？」

常にそんな風に考えて観察をしていると、上司の行動や考えが、以前よりも理解できるようになります。

すると、上司が欲しているものが自然にわかってきたり、望んでいる仕事を提供できるようになるのです。これが「上司を主役にする」ということです。

自分を立てて、理解してくれようとしている相手に、いつまでもネガティブな気持ちを抱き続けるのは容易ではありません。つまり、皆さんの好感度が上がるということです。

②先入観を持たない

「上司なんだから、これくらいできる」とか、「上司なんだから○○をして当然」というような先入観は、皆さんと上司の距離を確実に広げてしまいます。

一人ひとりのＤＮＡが異なっているように、上司の能力もさまざまだからです。ですから、ここで集中するべき事実はたった一つ。好むと好まざるとにかかわらず、相手は上司であり、皆さんの会社での進退を左右できる立場にある人だという事実を理解すること。

そして、先入観についてもう一つ。皆さんが何らかの理由で「この人苦手」と思ってしまったら、それは確実に相手に伝わります。ですから、先入観は禁物。どんな相手にでも、気持ちをフラットに接するのがコツです。

③ 必要以上に真剣に受け止めない

もし、あなたの上司がものすごく厳しい、きつい性格だったとします。朝から機嫌が悪かったり、ちょっとしたことであなたを怒鳴りつけたりします。

そんな時、それらにいちいち反応したり、まともに受け止めていては、体がいくつあってももちません。精神的にボロボロになり、やがて肉体にも影響を与えます。

ここでちょっと原点に立ってみましょう。会社では確かにこの上司はえらい地位についているかもしれません。けれど、皆さんの人生全体で考えた時に、その人はいったいどれほどの価値があるのでしょうか？　その人がいなければ生きていけませんか？　その人に否定されたら人生が終わってしまうのでしょうか？

こう考えてみれば、どんなにえらい上司でも、自分の人生に影響を及ぼさせるほどの存在ではないことが、当然のごとく理解できるわけです。

ここまでわかったらあとは簡単。上司の意味のない非難やきつさは、決して真剣にとらないこと。とにかく自分に影響させずに聞き流します。

ですが、自分が犯したミスや足りないことへの非難の場合は全く別問題です。そのきつい叱りは、「自分のため」になるものですから、貴重に扱わなくてはなりません。そのふるい分けはきちんと気をつけましょう。

「大変申し訳ありません。ご指摘いただいてありがとうございます」

お詫びの後に「お礼」を加えるだけで、上司も「ん？」となるはずです。自分の注意を感謝された、そう感じてもらえれば、その上司とは必ずうまくいきます。

たとえどんなにバカにしたくなる上司でも、皆さんがその職場にいたければ、その相手とうまくやる、少なくともそう努力をする必要があります。

決してその試みがうまくいかなくても、無駄なことをしたと思う必要はありません。なぜなら、あなたがしたその努力は、確実にあなたの「人間力」となって、別の多くの場面で生かされることになるからです。

☑ コツさえつかめば、難攻不落の上司も攻略可能になる

2 目上の人でも恐れる必要はゼロ！

よく「おえらいさん」の前でガチガチになって、ついついたらそのままコロンと倒れてしまいそうな人を見かけます。せっかく自分をアピールできる最高のチャンスなのに、固まってしまって自分の良さが全部隠されてしまう状態です。実にもったいないですね。

これは、「えらい人」に慣れていなかったり、具体的に相手がどれくらいえらいかはっきり理解していないのに「何だかえらい人」と思ってしまうがために起きる症状です。

M子さんはとても仕事のできる優秀な女性でした。人一倍辛抱強く、責任感が強いため、必要であれば文句も言わずに残業や休日出勤もいとわない社員でした。

けれど、彼女には唯一、残念な点があったのです。それは、名づけて「**えらい人恐怖**

症」。えらい人といっても、取引先の会長や社長ならともかく、自社の主任でも、心臓がドキドキして言葉が出なくなってしまうのだそうです。

理由を聞くと、「だってえらいのよ？　何か間違いをしでかして機嫌を損ねたらどうしようと思ってしまうの」とのこと。そこで、もう一つの質問をしてみたのです。

「それで、その主任は仕事ができて尊敬できる人なの？」

M子さんは黙り込みました。

「うーん……。仕事については知らないことが多いの。だから、尊敬と言われると困るわ」

「じゃあ、なぜ恐れるの？　あなたの仕事レベルの高さは皆が認めているじゃないの！」

思わず笑い出した私に、彼女もつられて大笑い。

「本当。そう言われると、私もなぜだかわからないわ。『えらい』からかなあ……」

今これを読んでくださっている方の中にも、「わかるわかる」とうなずいていらっしゃる方が少なくないのではないでしょうか？

でも、ちょっと考えてみましょう。皆さんが「えらい」と思っている人は、あなたと同じ人間ではないのですか？　目からビームを出したりする宇宙人ではないはず。

皆さんより年をとっていたり、良いスーツを身につけているかもしれません。それでも、それらをすべて剥ぎ取ってしまえば、中身は同じ人間同士なのです。家に帰ったら、下着一枚でビール片手に「ぷは〜！」なんてやっているかもしれません。ロマンス映画のビデオを見てぼろぼろ泣いているかもしれません。

いずれにせよ、ここであなたに思い出してほしいのは、「どんなに地位が高くても、相手は自分と何ら変わりもない同じ人間」ということなのです。

ましてや、その相手が仕事ができなかったり、口ばかりだったとします。そんな相手を、一生懸命がんばっているあなたが、なぜ恐れなくてはならないのでしょう？　何も理由はありませんね。

がんばっているあなたが萎縮する必要はない

「恐れ」と「尊敬」は全く違います。まずその違いをきちんと認識してください。

中身のない恫喝だったり、空威張りからの虚勢だったとしたら、少しも恐れる理由がないということを、自分に落ち着いて説明してほしいのです。自分が尊敬できない相手なのですから、そんな「ただの人間」の前で卑屈になる必要は全くないわけです。

そして一方、恐れる相手が仕事ができ、尊敬できると思えるのであれば、「恐れ」を「尊敬」に変えるように意識しましょう。「私は○○さんを尊敬している！」と言葉で自分に言い聞かせる方法も案外役に立ちます。

同じ緊張している状態でも、「尊敬」の気持ちを持てば必ず態度に現われ、印象が良くなるからです。

社外のさまざまなところで会う相手も皆同じです。大企業の社長でも、政治家でも変わりません。相手の中身が尊敬できなければ、自分と相手は対等、「**地位はえらいけど、同じ人間**」です。

そう思えば萎縮することなく、誰と会っても100％の自分でいられます。

☑ 「地位が高くても尊敬できない人」は、自分と同じ一人の人間。恐れる必要は何もない

3 上司にも言うべきことはしっかり言う

上司に理不尽な文句を言われている時、「申し訳ございません」は、その場をやりすごすのにもってこいの言葉です。

けれど本当は、上司の言っていることが仕事上でマイナスになると確信した場合は、堂々とその旨を伝えるべきなのです。


もちろん、そこで一番大切なのは「**タイミング**」です。

沸騰したやかんのように怒り狂っている上司に向かって、「でも」「しかし」と言うのはまさにマゾ行為。どうか私を痛めつけてくださいと言っているのと同じです。とにかく怒っている上司には、まず全部吐き出してもらいましょう。

吐き出し終わった、その時がチャンスです。

最初は必ず、上司を肯定します。「本当におっしゃる通りです。お怒りはごもっともです」などと「相手に同調」してください。

そしてここからが本番。

上司が聞く耳を持っていそうならば、その場で。とても話せる雰囲気でなければ、いったん時間を置きます。

いずれにせよ、直接、もしくはメールで自分の言いたいことを説明するのです。対面が好ましいのは、相手の表情を読みつつ話を進められるからです。

その際、必ず気をつけるのは、**上司を否定してはならない**ということ。

「自分の大切な上司のため」に、「会社のため」に、自分が正しいと信じる理由を「短く理論的に」伝えるのです。

決して上司をやりこめたいわけでもなく、ましてや反抗的になっているわけではないということ、そして、上司と仕事のためになると上司に思わせることができれば大成功です。

上司が怖いからといって、怒られるのを恐れていては何も生まれません。

いつも言いなりの人よりも、言うべきところはきちんと言える、一人前の社会人であることが、会社での立ち位置を強固なものにしていくということは、まぎれもない事実です。

☑ 伝え方を工夫すれば、上司への反論も受け入れてもらえる

4 恐怖の「い・ま・す・ぐ・に！」——機嫌の悪い上司の対処法

「聞こえてるのか、い・ま・す・ぐ・に・だ！」

この言葉に何度やられてきたことでしょう。どんなに仕事経験を積んでも、これが聞こえると毛が逆立つような感覚になりました。

この「い・ま・す・ぐ・に！」は大抵、予期していない時に急に襲ってきます。「え、だってそんなこと言ってなかったじゃない！」とか、「いや、私は今、至急の案件を別に抱えているんですが……」という、皆さんの状況や理由は一切関係ありません。この「い・ま・す・ぐ・に！」が発令されたら、その瞬間から、それが一番の最優先事項になるのです。

どんな大事な電話の最中だったとしても、同時に「仕事をさばく」ことを要求されます。

私も実際、別の部署のトップの方の電話を受けている時に、この「い・ま・す・ぐ・に！」攻撃を受けたことがありました。

受話器を手で隠して、「隣の部署のトップからの電話です」と小さな声で伝えたのですが、私のボスは、たまたまご機嫌の悪さが最高潮の時。「そうか、そんなにそっちが大事なら、これから彼に給料をもらうんだな！」と怒鳴り声が返ってきました。

あまりの理不尽さに、私の瞬間湯沸かし器もスイッチ全開になりそうになりましたが、そこで気がついたのです。私の目的は、いかに「ボスを満足させ」、「自分の仕事をやりとげる」かだけ。

すぐにしかるべき理由を告げていったん他部署のトップの電話を切り、ボスのところへ駆けつけました。最初からそうしなかったのは、完璧に私のアプローチミスでした。

「い・ま・す・ぐ・に！」攻撃の相手には、「あなたが一番！」が合いの手です。事実がどうであれ、「そう思ってもらえる」ことが相手の満足につながるからです。

上司のリクエストにとりかかっている間は、「大変お待たせしていて申し訳ございません。○○の件ですが、今まとめの最終段階ですので、本日5時までにお持ちいたします」などと、具体的な期限を提示して伝えます。

上司が忙しくて話す暇がなければ、メールでかまいません。とにかく、上司に「注目」し、上司がほしがっているものを、自分が全力で提供できるよう努めていますよ、というはっきりしたサインを見せるのです。

とにかく「あなたが大切」ということをアピールする

不機嫌な人には近づきたくもないのは重々承知していますが、それでも自分を鼓舞して、上司に「あなたのために全力を尽くしています」というメッセージを伝え続けることが必要です。

こうやって、上司の「い・ま・す・ぐ・に！」への対応に慣れてくると、普段の仕事にもスピードと機転が加わります。

お客様や大事な社内の仕事相手への応対も、知らず知らずのうちにレベルアップ。タフな上司の下で働くのは気苦労もありますが、必ず鍛えられて、どこへ行っても必要とされる仕事ができるようになるのです。

☑「い・ま・す・ぐ・に！」対応で、瞬発力と対応力が磨かれる

5 「上司の幸せは、自分の幸せ」の法則

「**上司の幸せは、自分の幸せ**」。この言葉を伝えた時、相談にのっていた後輩秘書のCさんは思わず吹き出しました。

「そんな馬鹿な！　私はそこまでお人好しじゃありませんから！」

彼女の上司はかなりの暴君でした。女性の上司だったのですが、感情の起伏が激しいタイプ。機嫌が悪くなると手がつけられなくなるそうなのです。

しかも、女性の地位向上に熱心な人だったため、Cさんを含め、事務方の女性たちには、指導の意味で必要以上にきつく批判したりしていました。

「上司の幸せが私の幸せ、だなんて、私にはとても思えません。特に、きつく当たられた後なんて、正直言って、上司のために何もしたくないし、彼女の仕事がどうなってもい

いやとさえ思うんですよ」

話をしているうちに不当な扱いをされたことを思い出したのか、Cさんはどんどん興奮してきました。

「では、なぜ他の仕事を探さないの？」と尋ねると、口をつぐんで考え出したのです。

「それはやはり、上司が仕事のできる人だからです。一緒に働いていると、学べるなと思うところがあるからだと思います」

しばらく考えた後の彼女の答えでした。

それならば、答えは簡単。最初に戻って、「上司の幸せは、自分の幸せ」を試してほしい、と再度Cさんに伝えたのです。

確かに、この言葉をそのまま受け取ると、「自己犠牲の上に上司の幸せが存在する」、そんな意味にもとれてしまうと思います。

でも、事実は違うのです。そしてこれは秘書だけでなく、上司を持つすべてのビジネスパーソンに通じる絶対法則です。

考えてみてください。「上司が幸せ」でいれば、どういう状態になるでしょう？

当然、上司の機嫌は良くなり、仕事も円滑に進みます。すると、皆さんも気持ち良く仕事ができるだけではなく、今まで上司に交渉できていなかった事案まで持ち出せるようになります。これを言ったら機嫌が悪くなるかも、ということすら、ご機嫌な上司ならば許してくれるかもしれません。

……ということは、結果的には「自分も幸せ」になるわけなのです。

いかがでしょうか？　上司を幸せな状態にすることができれば、結果的に皆さんも幸せになるという流れを理解していただけましたでしょうか。

最終的には自分の幸せのためだと考える

では次に、「何を」「どうしたら」上司が幸せになってくれるのかを考えましょう。いくつか例をご紹介します。

・仕事が遅くまであった日の翌朝に機嫌が悪い上司

難しい話は午前中は避け、最低限の連絡事項を、熱いコーヒーやお茶とともにさりげなく置いておく。

・大きな会議の2日前には、一度全体の資料に目を通さなければ機嫌が悪くなる上司

その旨を関係者全員に連絡し、必ず2日前までに全資料を提出してもらうよう手配しておく。

・会議に次ぐ会議で、メールや電話の応対ができずにイライラしている上司

要点とプライオリティー（優先順位）をまとめたものを、一瞬時間が空いた時に読めるようにし、上司の時間を節約する。

普段から上司の行動を観察し、**先に先に手を打っておく**のが鍵です。

ただし、やりすぎは禁物。押しつけがましくならないように、さりげなく、ピンポイントで、上司のイライラをつぶしていくのです。

結果、**「上司が幸せになる」状態が増え、「自分が幸せになる」状態も増える**ということです。

同じことが「成功」においても言えます。「上司の成功は、自分の成功」。つまり、上司が成功して出世したりすれば、それをサポートしたあなたの株も上がるわけです。ボスが出世した時に、あなたの努力を認めてもらえれば、一緒に部を移ったり、会社を移ったりすることもありえます。当然、あなたの給料や待遇も、時には地位さえも上がるかもしれないのです。

上司を良く見せることは、自分を良く見せること。上司が喜べば、自分の満足にも直結するのです。

☑ 一度頭で理解すれば、「上司の幸せ＝自分の幸せ」法則が実行しやすくなる

6 「困ったちゃん上司」の対応術

秘書をしていると、ドラマかと思うくらい実にさまざまな上司たちとの出会いがあります。自分の上司だけではありません。他の部署、友人の上司も含め、その数は際限がないのです。

あとになって思い出すとゲラゲラと笑えることでも、当時はひっくりかえりそうな、衝撃的な体験もしました。パワハラだけではありません、モラハラ、セクハラ、実に何でもあり。加えて赤ちゃん上司や、甘えん坊など、人間の見本市のようだったのです。

いくつか例をご紹介しましょう。

巷でパワハラと呼ばれているのは、「困ったちゃん上司」の基本中の基本の行動です。

友人は女性上司のヒステリーに悩まされていました。

女性の中には、ホルモンバランスで感情の波をコントロールできない人が少なくありません。これも本人の訓練次第なのですが、その自覚もないまま上司になってしまったタイプについた部下はたまりません。常に薄い氷の上を歩いている状態で、彼女の逆鱗にふれないように行動しなくてはならないからです。

隣の部署のマネージャーは平気で嘘をつきます。部下にこうしろと指示をし、不本意ながらも部下たちがやりとげた仕事を、彼の上司がちょっとでも気に入らないと、すべてが「できの悪い」部下たちのせいになってしまうのです。

それでもその巧みな話術に、彼の上司はすっかり騙されて、彼の言うことを信じます。部下たちのストレスはたまるばかり。すでに何人もが他の会社へ転職していってしまいました。

私のボスの一人は赤ちゃんのようでした。普段は頭も良い、リーダーシップのある人だったにもかかわらず、です。

私以外の人に対しては完璧なマネージャー。ですから、もし、私が「秘書の禁」を破って他の人に事実をバラしたとしても、誰も信じなかったに違いありません。

けれども、周囲に誰もいなくなったら最後、彼はただの「赤ちゃん」になってしまうのです。

会議があると言えば、「いやだ、行きたくない、やりたくない」、出張先のホテルが気に入らない、スケジュールが過密すぎる、新しい候補者の面接をする気分じゃない、今すぐスターバックスのコーヒーが飲みたい、1カ月前ではないととれないレストランの予約をどうにかして明後日の夜に入れろ……。

時には自分が秘書ではなく、ベビーシッターなのではないかと真剣に考えるほどのわがままぶり。まさに手足をバタバタさせて泣きわめく赤ちゃんでした。

「困ったちゃん上司」たちの話を始めたら、とても24時間では足りませんが、ここで大切なのはたった一つ。

私たちは自分の仕事と生活を守るために、どんな「困ったちゃん上司」にでも対応しなくてはならないということです。

けれど大丈夫です。どんな場合にでも必ず対処法が存在するからです。

「困ったちゃん上司」が求めているものを知っておこう

「困ったちゃん上司」たちは、**常に何かを求めて「困ったちゃん」に変身します**。ですから、少しでも早く、その「何か」を割り出すことが、あなたが平穏を取り戻す最重要の鍵になるのです。

そしてその「何か」がわかればしめたもの。あとはあの手この手でそれを入手するのです。

例えば、冒頭の女性上司。どういう状況が彼女の「ヒステリーボタン」をオンにしてしまうのかを観察して把握しておきましょう。そのタイミングでの難しい仕事や、彼女の逆鱗に触れそうなことは避けておく、普段から彼女がイライラないように、彼女の嫌がることをすべて排除しておくなど、傾向と対策をしっかり練っておくのです。

これは、どのタイプの「困ったちゃん」にも通じます。

二番目の嘘つきボスについては、とにかく相手を満足させるべく、「了解しました」の一言。でも自分を守るために、さりげない方法で言質をとっておくのです。やりとりはメールにしたり、文章にしておくこと。いざという時に自分を守るための証拠を残しておきましょう。

三番目の赤ちゃん上司の場合は、相手を本当に赤ちゃんだと思ってしまえばいいのです。赤ちゃんに怒りますか？　赤ちゃんに要求しますか？　いえいえ、赤ちゃんには何も求めませんね。それと同じです。

あとはどうにか赤ちゃんをなだめつつ、あやしながら自分の望む方向に誘導していけばいいのです。言うことを聞いてもらえないのなら、相手が折れるようなアメを差し出し、おだてて働いてもらいます。

結果と仕事がうまくいけば、あなたの仕事生活は安泰。その方法をあれこれと考えている間に、気遣い力や交渉力、人間力アップのトレーニングになるのがお得なオマケです。

重要なのは、**これは決して彼らのために行動しているのではない**ということです。すべては「自分」のため。自分が毎日を平穏に過ごし、余計なストレスを背負いこまないためのリスクヘッジです。

何人かの「困ったちゃん上司」を体験すれば、怖いものなしです。どんな上司が来てもばっちり対応ができるはずです。

☑ **「困ったちゃん上司」を経験すれば、何でも来いの仕事力が習得できる**

7　逃げられない！　お局様への対応術

「あ、ムラサキ……！」

なぜ、そんなことを思ったのかわかりません。でもそれが、その瞬間、私の頭に浮かんだ一言だったのです。

その日の私は、一番お気に入りの白いスーツを着ていました。当時働いていた会社では、お客様にお出しするお飲物の種類が豊富で、その日にいらっしゃった方からは「コーヒーとグレープジュース」というご希望を承っていたのです。

トレーにお飲物を乗せて廊下の端から歩いていくと、運悪く、向こうから意地悪で有名なお局様がやって来ました。ある一件以来、彼女のご機嫌を損ねていたのは重々承知していて、何度かいじめらしきものも受けていました。

「あら、大変ね」

そう言ったお局様が、なぜか私のほうへ寄って来た時に嫌な予感がしたのですが、次の瞬間、彼女は反対側に持っていた書類ファイルを私の側に持ち替えたのです。

同時に、トレーの上のグレープジュースが私のほうに倒れてくるのが、スローモーションのように見えました。

お気に入りの白のスーツのジャケットに、大きな紫色のシミが広がるのを呆然と見つめながら立ち尽くす私に、お局様が言ったのです。

「まあ！　ごめんなさい、どうしましょう。すぐ誰か呼ぶわね」

駆けつけてきた同僚が私の手からトレーを引き取り、私を給湯室に引っ張っていく間も、私の頭の中は真っ白でした。上着の丈が長かったおかげで、下のスカートはかろうじて無事だったので、ジャケットを脱いでお客様にお飲物を出しましたが、その間も震えが止まらなかったのを覚えています。

給湯室に戻ると、同僚が怒りの形相で私を見ました。

「こんなの許されない、絶対にわざとよ！　私のところに言いに来た時、うすら笑いを浮かべていたもの！」

けれど悲しいかな、当時の私たちはまだまだひよっこで、意地が悪くても仕事ができる、そのお局様に勝つ術は見当たりませんでした。上司に言いつけたとしても、自分の上司の前では聖母マリア様のように振る舞っている仕事のできる秘書を、いったいどんな理由で罰することができるというのでしょう。

「ぶつかってしまってジュースがこぼれたのを根に持って、ありえないストーリーを作り出すひよっこ秘書」と口撃されるのは目に見えています。そうなのです、お局様は非常に悪知恵が働くのです。

この日、成仏してしまった大切な白いスーツを眺めながら、ひとしきり悔し涙を流した私は、ある決心をしました。

ここでまともにやり合ったら、１００％私が負けるのは目に見えている。私は今の会社とボスが好き、そして何よりも、あのお局様に白旗を上げるなんて耐えられない……。だから「お局様対処法」を生み出そう！　と。

ここでは女性のお局様でしたが、実は会社には、それを上回る数の「男性版お局様」が存在しています。そして時として、男性版お局様のその底意地の悪さは、はるかに女性のお局様を凌駕していたりするのです。

彼らに共通しているのは、一見自信たっぷりに見えるその態度とは裏腹に、実は自信がないタイプが多いことです。ゆえに、自分より「できる」と思った相手、自分の思い通りにならない相手を攻撃することで優越感を感じます。相手を否定することで勝利感を得る、典型的な負け犬の行動です。

それでは、私自身が試してみて効果があった、お局様への対処法をいくつかご紹介しましょう。

①お腹見せ降参作戦

その名の通り、お局様に降参のふりです。お腹を出して相手に降参する犬のイメージで、完全降伏・従順をアピールしましょう。必要に応じて、お局様の功績を褒めたたえたり、相手が間違えていると思っても、深々と頷いて賛同の意を示しましょう。自分の子分のようになったあなたに、お局様の攻撃は弱まるはずです。

②のれんに腕押し作戦

何を言われても、のれんが風でひらひらとなるように無反応を通します。無反応といっても、決して無視ということではありません。このポイントを間違えると１００倍ものしっぺ返しを受けます。

例えば、いじめられてもにっこり、心の中でどんなに傷つこうと、衝撃を受けようと、無反応です。少し笑顔を浮かべて、何事もなかったかのように振る舞うのです。

小さい子供から大きな大人まで、いじめっこ万人に共通しているのが、「いじめている相手の反応を見て興奮する」ことです。ですから、無反応でその部分を断ってみると、「飽きて」しまうのです。時間はかかりますが、確実に飽きます。そして、次のターゲットを見つけてその人を攻撃し始めるでしょう。

③私はバカです作戦

これも意外と簡単。先に説明した通り、相手は自分に自信がないのですから、彼らのエゴをくすぐってあげるのです。具体的に「私、バカですね」「本当に勉強になります、ありがとうございます」と言ってみるのも効果があります。

要は、その「お局様」がいかにすごい人間か、自分はわかっていて、尊敬していますよ、というメッセージを送ることで、「こいつは敵ではない」ということを理解させるのです。

④顔は天使、お腹は悪魔作戦

これは余力があって、チャレンジタイプの方におすすめします。表面ではにっこりしてお局様との衝突を避け、自分に争う意志がないことを示します。ですが、内では冷静に仕返しのチャンスを練るのです。こう言うとまるで悪魔のすすめのようですが、そうではありません。なぜなら「仕事での仕返し」に限るからです。相手に悟られないようにしながら、お局様の上を行く仕事を目指すのです。

同時に、確実に人脈を広げて、周りの人からの信頼を深めましょう。いずれ誰の目から見ても自分のほうが仕事ができる、とみなされるようになったらしめたもの。他の人、特に上の地位にいる人たちがあなたを評価し、サポートするようになれば、お局様が手を出せなくなるからです。

この作戦のメリットは、仕事力と人脈が磨かれること。デメリットは、復讐に燃えたお局様が、あの手この手で足を引っ張るようになることです。でも、それだけの力をつけた皆さんは、きちんと対処できるようになっているはずですね。

⑤辞める覚悟で相談作戦

いじめられたら上司や人事に報告する、という一番簡単そうな選択は、同時にバックファイヤーで自分に戻ってくる危険性を覚悟しなくてはなりません。

例えば私の例のように、自分を守ってくれるべき上司よりもお局様が上手だったり、彼女の上司の立場が強い場合、こちらが悪いことになってしまいます。はたまた勇気を振り絞って相談した相手が、事なかれ主義で問題回避型だったり、裏ではお局様の一味だったら、「万事休す」です。

ですから報告や相談は、相手をよく見極めて行なうこと。信頼できる相手であれば実行します。ただ万が一、読みが外れていたり、お局様の大逆襲から相談相手が守ってくれない時のために、辞める覚悟も視野に入れておく必要があります。

これは決して悪い選択ではありません。ただでさえ真剣に仕事をしなくてはならないのに、そんなくだらないお局様軍団に割くような時間は、皆さんの貴重な毎日に失礼です。それに対処してくれない会社にいることも。

だったら思い切って転職してみれば、現状よりはマシになるのではないでしょうか？これは無責任に言っているのではありません、周りを見回して、同じような例を何件も知っているからなのです。

いかがでしょうか。ただ黙って耐えているよりも、自分でアクションを起こしてみれば、違った結果が出てくることをわかっていただけましたか？

お局様も攻略不可能ではありません。効果的に対応すれば、乗り切ることができるのです。一緒にがんばりましょう！

☑ どこにでも存在する「お局様」には、コツを覚えて対処上手に

4章

苦手な人ほどうまくいくコミュニケーション術

1 超能力者はいない

私たち日本人は、世界の他の国ではあまり見られない、「察する」ということがとても得意な民族です。それが奥ゆかしさや、気配りの原点でもあり、「言わずとも察する」ことは、本当に美しいことなのだと折に触れて私自身も痛感しています。

ですが、それはあくまでも私たちの文化であり、日常生活の中でのこと。仕事となると話は別なのです。

仕事場でも、「こんなこと、言わなくてもわかってくれるだろう」「こちらの意を汲んでほしい」というような場面が多々見られますが、これは非常に大きな間違いです。

仕事においては、「これが常識」というのは、経験や年齢、その他考え方によっても大きく隔たるため、**言わずとも当然、相手がそうしてくれるだろうという考えには、大きなリスクが伴う**のです。

そもそも、私たち人間が他の動物と違うのは、「言葉」を操ってコミュニケーションをとる特権を与えられているということ。だったら、それを使わないのは、怠けているのと同じです。

「わかりきったことを聞くな！」

難しい相手にそう言われたとしても気にすることはありません。あなたは正しいことをしているのですから。相手がそういう応対をしてくるようでしたら、聞き方、確認の仕方を工夫すればいいだけなのです。

以前、海外から出張してきたエグゼクティブが、同僚のSさんに向かって言いました。

「いつものコーヒーを頼む」

その方は一度東京にいらっしゃったことがあるだけ。当然、彼の「いつもの」が何かなんて知るわけもありません。

あまり愛想の良いタイプではない方でしたので、「いつもの」が、前回お出しした「無脂肪乳多めの砂糖なしコーヒー」でいいか尋ねるのはためらわれましたが、そこで「多分これ」というものを出して不機嫌になられるより、確認したほうがいいと思ったSさんは、こう返事をしたのです。

「はい、無脂肪乳多めの、お砂糖なしでよろしいですね。お好みが変わっていらっしゃらないと良いのですが」

あくまでも「あなたは重要な方なので、もちろんお好みはわかっているけれど、でも念のための確認させてもらう」というような口調で尋ねたので、彼は満足そうに答えたそうです。

「ああ、そう。ちゃんと覚えていてくれたんだね」

ごく些細なやりとりでしたが、Sさんの株はぐっと上がりました。

言葉のコミュニケーションでしっかり確認

他にも、ミーティングの場所と時間を決めるのに、お互い了解しているはずだからと、確認を怠ったがために勘違いがあったということもよくあることです。この場合においても、言葉を尽くして確認すれば、そのような初歩的なミスも防げたはずです。

当たり前のことと流してしまわずに、常に自分にリマインドしてみてください。相手はこちらの考えていることを読み取れる、超能力者ではないのです。そして、それは皆さんも同じこと。

言わなくても絶対にお互い理解していると確信したとしても、さりげなく言葉の中に確認事項を入れて、いつでも「きちんとしたコミュニケーション」を心がけるのが、社会人としての心得です。

✓「察する」会話はプライベートのみ。仕事ではきちんと言葉を使うように気をつける

2 苦手な人ほどコミュニケーションを心がける

「この人苦手」。そんな気持ちは、どんなにひた隠しにしても相手に伝わるものです。それは日頃のちょっとした態度や行動にも確実に現われるからです。

それだけではありません。「苦手」と避けていたり、緊張したりしていると、どんどんその相手との溝が深まっていって、やがて取り返しのつかないくらいの距離が開いてしまったりするのです。

それが二度と会わない相手ならば全く問題はありません。けれど、相手が仕事上の人間関係の場合、放っておけば一人では抱え込めないくらい大きな問題となってしまいます。

いくら苦手でも仕事は仕事。何とかしなければなりません。

そこで必要なのが、**誰よりも密に、「苦手な人」とのコミュニケーションを心がけると**いうことです。

これは相手のためではありません。すべてあなたのため。あなたが仕事をよりやりやすくするためです。

ハードルが高そうに感じますか？　でも、決して不可能ではないのです。

苦手な人とコミュニケーションをとるコツ

まずは、「基本の挨拶」から始めてみましょう。相手からの返事は期待せずに、「自分が笑顔で挨拶をする」ことに集中します。

「苦手な相手」に出会ったら、ひきつってもかまわないので「笑顔をつくって挨拶」です。

それを繰り返しているうちに、不思議なことに自分の中にあった「苦手」が少しずつ小さくなっていきます。

第二ステージは、「相手に話しかけるチャンスを探す」ことです。相手の時間を長くとるような話ではありません。例えば、仕事上での簡単な声かけ。相手が廊下ですれ違った時に大量の資料を抱えているようであれば、さりげなく「お手伝いしましょうか?」と声をかけたり、提出書類を持って行く時に、「お忙しいところ、申し訳ございません。よろしくお願いいたします」と一言添える。そんな感じです。

ここでも**相手の反応に期待しない**ようにしてください。これがポイントです。というのは、皆さんがしている行為は「自分」のため。相手の反応に影響されないようにしてほしいのです。どんなに冷たくされてもあきらめずに、「長期戦、長期戦」と自分に言い聞かせてみてください。いつか相手の反応が変わってくるはずです。

もし、相手から話しかけてきたとしたら大チャンスです! その場でしているすべての作業を止め、相手の話に耳を傾けるようにしましょう。

「あなたの話を、興味を持って聞いていますよ」

というメッセージを送り、「聞き上手」に徹するのです。それが相手に良い印象を与える秘訣です。

こうした小さいコミュニケーションを心がけるようにしていると、ふと気がつくとあなたの「苦手な人」は「普通の人」に変わっています。

そうして一人「苦手」を乗り越えたら、次の「苦手な人」の時は、さらに対処がラクになります。一度経験したあなたは、すでに苦手な人の克服法をマスターしているのですから。

✓ 苦手と決めつける前に「とりあえず笑顔で挨拶」から始めてみる

3 あなたを助ける「能ある鷹は爪を隠す」

人は皆、自分が秀でていることがあれば、周りに認めてもらいたいと思うもの。とても自然な現象です。自分で自信のある分野に関しては、ことさらだと思います。

ですが、**「自分は何でも知っている」という態度をとっていると、実は損をする**ことを知っていましたか？

「彼はどうせ知っているだろうから、別に知らせる必要ないよね」

「せっかく教えてあげても、わかっているからって言われちゃうから教えないわ」

この時点で、新しい情報はあなたからシャットアウトされてしまいます。

もしかしたら、あなたもとっくに知っていたことかもしれません。でも、そこに1％でも、新しいことを知るチャンスがあるのなら、それを逃すのは実にもったいないと思いませんか？

ここでは、「能ある鷹は爪を隠す」ことをおすすめしたいと思います。

よく使われるこの言葉。意味を考えたことがありますか？

鷹は捕えようとしている獲物に悟られないように、自分の鋭い爪を隠しておくのです。とても賢いやり方ですね。最初から鋭い爪を誇示して飛びかかっていったら、当然、獲物は警戒して逃げてしまいます。結果、鷹は損をするわけです。

これは私たちも同じ。**さらなるチャンスのために、あえて知らないふりをする**のです。

能力は隠しても、なくなるわけではない

決して、仕事ができないふりをしたり、「僕は何も知らないおバカさんです」と宣伝してほしいわけではありません。

どんなことでも最初から「知っている」と言わずに、まず相手の話を聞くのです。それ

も この前の項目でお話しした「興味を持って聞いていますよ」という表情で。

そうすると、いろいろな人が皆さんを敬遠せずに近寄ってきて、実にさまざまなことを教えてくれます。

「話しかけやすい人」というのは、どんなに優秀でもそれを見せずに、常に気さくな雰囲気をかもし出しているものです。


あなたが本当に能力のある鷹であれば、どんなに隠そうとしても、その才能は自ずと滲み出てきます。

人に褒められる必要はありません。自分で自分を褒めたあとは、そっと「能ある鷹」に戻ることが、自分と仕事のための得策です。

☑ 能力を隠した「知らないふり」が新しい情報を運んでくる

4 大事な時に使える「大好き！」のマジック

「目は口ほどに物を言う」

この言葉を思い出してみてください。

「私は目が細くて、目ヂカラがないから使えません」

この話をした方から、こんなお返事を頂戴したことがあります。

いえいえ、とんでもない！　目の大きさなんて関係ないんです。サイズにかかわらず「目はしゃべる」のですから。

ここでは私の趣味の「人間観察」で発見した、ある秘訣をお伝えします。名づけて「大好きマジック」。これは重要な場面で、かなりの確率で効果を発揮する方法です。

例えば、苦手な人や嫌いな相手と話をしなくてはならない時。上司や上役、もしくはここ大一番のお客様や面接官と話すことになったとします。

その時こそ、「嫌い」「苦手」「怖い」といった自分の感情はすべて無視して、頭の中で叫ぶのです。

「あなたのことが大好き！」

何をバカなことを、そう思われるかもしれません。でも、だまされたと思って試してみてください。これが意外と効くのです。

前にお伝えした通り、人は相手が自分に良い印象を持っていないことを鋭く感じ取るものです。ですから、ここぞという場面で、相手に「苦手」波長を飛ばしたら、どうなるでしょう。……まさに火に油の言葉通り、自殺行為ですね。

だからこそ、ネガティブ波長を飛ばさないように、自分の感情をコントロールするのです。「大好き！　大好き！」を頭の中で連発すると、それが目に表情となって現われます。実際に鏡に向かって試してみてください。「大好き」と口に出すと、瞳孔が開きます。自分の好きなものや人を思い出しながらだとさらに効果的。それが相手への「苦手」波長を、一時的に「好意的」波長へと切り替えてくれるのです。

面接など一度きりの場合は、さらに効果的です。あなたが「大好き！」で相手を見つめれば、効き目が現われるのに、それほど時間はかかりません。

ですが、会社で会う相手だと、一緒に過ごしている時間が長い分、「大好き」を始めてから結果が出るのにもう少し時間が必要な場合もあります。でも、そこであきらめずに続けていけば、いずれ効果が現われます。

鬼マネージャーにも「大好き！」が伝わった

私の友人の一人が、一生懸命考えた企画を承認してもらうべく、「鬼マネージャー」とあだ名されている上司のところへ行きました。準備も、企画の内容にも自信がありましたが、その日は、朝から胃がキリキリしていたそうです。

なぜなら、この「鬼マネージャー」は、あだ名の通り厳しいことで有名。求める仕事レベルが高く、しょっちゅう部下を怒鳴るきつい人だったからです。

ノックをして部屋のドアを開ける前に、彼女は自分に言い聞かせました。

「大好き、私は鬼マネージャーが大好き!」

はたして、鬼マネージャーに対面した彼女は、その鬼のような表情に一瞬ひるみそうになりましたが、企画について説明を始める前に、再度自分の頭の中で叫んだそうです。

「だ・い・す・き!」


彼女が話し終えて、いつもの嫌味や、きついコメントを待ち受けていると、意外なことに彼女が耳にしたのは、驚くような一言だったのです。

「君の熱意は伝わった。今回の企画はベースも、内容もしっかりできているようだ。今から言う点をやり直して、再度持って来るように」

そして、続けて鬼マネージャーは言いました。

「それから、緊張しているのはわかるが、次回はそこまで私の目の中に飛び込みそうなほど見つめないでいいから」

びっくりして顔を上げた友人の目には、なんと笑っている「鬼」の顔があったそうです。

いつもは、彼女が話し始めるだけで途中で遮ってきついことを言ったり、苦虫を噛み潰しているような顔をするマネージャー。彼の口から出た言葉とは思えなかったとのこと。

「思いつく理由は、『大好き！』だけだったのよ」と話してくれました。

失うものはありません。一度あなたも試してみませんか？

どんな人にでも「目力」は存在する。「大好きマジック」で勝負上手に

5 どんなに気分が悪くても、他の人を邪魔する権利はない

八つ当たり、されたことがありますか？　嫌ですよね。自分が何をしたわけでもないのに、たまたまそこにいたから、たまたま部下だったから、そんなくだらない理由で当たられてしまう。ショックの後に、メラメラと怒りが湧いてきたりしませんか？

こんな風に、八つ当たりは誰かの一日を、台無しにしてしまう威力を持っているのです。

「今日はお得意様のところに行くから、一番大事なネクタイをしめよう！」そう思って張り切っていたのに、コーヒーをこぼしてしまった。あわてて別のネクタイにしたけれど、何だか気分が少し悪くなってしまったTさん。

ギリギリで飛び乗った電車はぎゅうぎゅうのスシ詰め状態、カバンを持つ手が右のほうに行ってしまい、人との間に挟まって動かないと思ったら、前にいた女性が舌打ちをして自分を見ました。

「なんだよ、僕は痴漢なんてしないぞ！」

さらに気分が悪くなります。

ぐったり疲れ果てて電車から降りた途端、昨晩帰る前に上司のデスクに置いておくはずだった書類を、自分のデスクに置きっ放しにしていることに気がつきました。

「しまった！　怒られる！」

もうここまでくるとスリーアウト、機嫌の悪さは最高潮に達しました。顔中に「機嫌が悪い」と書いてあります。

オフィスに入ると、新人のY夫さんが元気よく挨拶してきました。

「Tさん、おはようございます！」

その何の悩みもないような様子が頭にきます。「いつも能天気にへらへらしやがって……」、そんなセリフまで頭を駆け巡りました。

そして、その数時間後、ついに彼の「八つ当たり」が爆発したのです。

「おい、Y夫！　おまえ仕事が遅いんだよ。何度言ったらわかるんだ、へらへらしないでしっかりしろよ！」

Y夫さんのびっくりした顔。周りの女性社員のひそひそ声。自分の怒りを吐き出したことで少しはすっきりするどころか、最低最悪の気分になったと、あとからTさんは言っていました。

当然のごとく、その日Y夫さんはずっとしょげかえり、Tさんはそんな彼を見るたびに、せっかく普段良い関係だった後輩との絆が壊れてしまったような気がしたそうです。

仕事をしていると、本当に毎日、予期せぬ出来事が起こります。時には機嫌が悪くなることだってあります。けれど、大切なルールがあるのです。**自分の感情は自分の中で処理するのが最低限のエチケット**ということです。

逆に言えば、自分で処理できるのならば、思う存分機嫌悪くなってください。ただし、必ず、「どんなに気分が悪くても、他の人の邪魔をする権利はない」ということは忘れないでいただきたいのです。

ある人がとてもハッピーな気分で一日を過ごしているとします。あなたにその人の幸せな気分を邪魔する権利はあるのでしょうか？　あなたが年上だから？　あなたのほうが長く働いているから？　答えはもうおわかりですね。断固として、「ＮＯ」です。そんな権利は、どんなにえらい人だろうと全くありません。

自分の不機嫌を人にぶつける行為は、自分のレベルを低めているだけです。結果として、あなたに戻ってくるのは、「周りからの冷たい視線」「悪い評判」「嫌な気分」……。そこまで自分を貶める必要がありますか？

自分がイライラしている時こそ再確認です。

「私には、人の気分を害する権利はない！」

ポストイットに書いて、常に目が行くところに貼っておくのも手ですね。

こんな些細なことが、人間関係を確実に上向きにしてくれるから不思議です。

☑ 自分にとって最悪な日でも、誰かの最高に幸せな日かもしれないことを忘れない

6 3歳から交際術を身につけている外国人に学ぶ社交術

欧米の方たちの社交術にはいつも驚かされます。どの国に行っても、物怖じすることなく、誰とでも話をしようとする。それゆえに、新しい環境に慣れるのも、ネットワークを広げるのもとても早いのです。

ある日、同僚のホームパーティーで話をした人は、なんと、前日に日本に到着したばかりの隣人。ゴミ置き場がわからずにうろうろしていたところに私の同僚が通りがかり、場所を教えたことからちょっと立ち話。そして「もしよかったら明日うちのパーティーへおいでよ」ということになったそうです。

会社においても同じです。エレベーターに乗り合わせた時など、知らない人とでも、気軽に話を始めます。相手が上司でも同じ、敬意を示しつつ、あくまでも普通にです。時にはプライベートの話まで気軽に飛び出します。

「よし、今から話すぞ！」

「何を話題にしたらいいんだろう？」

「いきなり挨拶したらびっくりされるかもしれない」

そんな考えは恐らく頭の片隅にもないでしょう。

いったいどうしたら、私たちもその「社交術」を身につけられるのでしょうか？

その質問を友人にぶつけてみたところ、予想もしない答えが返ってきました。

「君たちにはすぐには無理だよ！　僕らは3歳くらいから『社交』をさせられてるんだから！」

ブライアンというアメリカ人の彼いわく、社交的な両親たちに連れられて、子供も親の行くパーティーや集まりにしょっちゅう駆り出されるのだそうです。到着したら親は親、子供は子供で時間を過ごすわけですから、自動的に、「じゃあ、あなたたちも遊んでいらっしゃい」ということになるのです。

もちろん親同士が仲が良くても、子供同士がすぐに仲良くなれるとは限らないそうで、ブライアンいわく、時にはとんでもない悪い子やいじめっこもいるのだとか。

ですが、それも「子供社会」での社交行事、なんとかこなさなくてはなりません。親の側にまとわりつくと、「あっちで皆と遊んでいらっしゃい」と言われ、子供ゾーンに追いやられるので、その後は自分で乗り切らなくてはならないらしいのです。

帰りたくても、子供なので運転できるわけでもなく、仕方なくそうこうしているうちに、自然と「社交」の術が身についていくのだとか。

「僕は社交上手じゃなかったんだ。一人で本を読んだりしているほうが好きだったしね。だからすごく苦痛だった。だけど今思うと、あの経験があるから、今は誰とでも話ができるし、苦労しないのかもしれないな。そうしないと、僕らの社会では取り残されていってしまうんだよ」

円滑なコミュニケーションの先にあるもの

日常の生活の中でもそうですが、会社においても、「社交」というコミュニケーションは予想以上に大切です。

お互い生まれも育ちも考えも違う相手と仕事をするのですから、私たちの得意な「相手の気持ちを推し量る」スキルは通用しません。ですが、ずけずけと相手のことを尋ねたり、無駄なおしゃべりをしていれば、不快感を与えるだけでなく、「仕事ができない」レッテルを貼られてしまって逆効果。

そんな時は、前にお話しした「笑顔で挨拶」から始めましょう。フレンドリーさが鍵です。あくまでも「馴れ馴れしい」ではなく、爽やかなフレンドリーさです。

それから、相手の話に集中し、内容をきちんと記憶にとどめておきます。相手がちらっと言ったことを覚えておくのです。

「下の息子が、車が大好きでね」

何気ない先輩のこの一言を覚えていた後輩が、ある朝廊下ですれ違った時に、「おはようございます」の挨拶の後にこう言ったそうです。

「息子さん、車がお好きでしたよね？　来月から幕張で車のショーがあるみたいですよ。キッズコーナーもあるって書いてありました」

それだけ言うと、「失礼しました」と言葉を残して去って行ったのです。

その時まで、「後輩の一人」だった彼が、良い印象とともに、ぐっと身近な存在に変わったのだとそのスタッフは話してくれました。


相手と良好な関係を築けば、仕事が俄然やりやすくなります。知らない人同士ならば、気を使ってしまい、余計な時間ばかりかかるような事案でも、ぱっと話ができて効率的に仕事が進むだけでなく、ストレートな意見のぶつけ合いも可能になるのです。

話しかけるのが恥ずかしい、声をかけて変な人って思われたらどうしよう……そう思ってしまう前に、基本的なことを思い出しましょう。恥ずかしさや気後れの向こうには、人間関係だけでなく、仕事を円滑にする扉が開いているのだと。

☑ 今からでもやればできる、
仕事も円滑にする社交術を身につけよう

5章

8カ国のボスから学んだミス・トラブル対応術

1 ミスは自分トレーニングの最高のチャンス！

ミスをした時の、冷汗がさーっと背中を流れるような、あのいやな感覚は、皆さんご存じですね。

私にもそんな経験がたくさんあります。くらくらっと一瞬めまいがして、もうダメだ！と逃げ出したくなったものです。そして、少し時間があいて自分を振り返る余裕ができると、お決まりの落ち込みがくるのです。

ここでは、「ミスとの正しい付き合い方」をご紹介しましょう。

ミスをしてしまった時に、「どうしよう」という気持ちでいっぱいになったら、その時がチャンス。意識してその「どうしよう」を、「自分トレーニング」に切り替えるのです。

ミスというのは、最大・最高の「学び」のチャンス。失敗せずに、そのままスムーズにいっていたら気がつかなかったことを学べるトレーニングなのです。

もちろん相手から叱られ、怒鳴られ、責められる代償はついてきます。ですが、そこでぺしゃんこに落ち込んでいるだけでは怒られ損です。

「このミスから何が学べるか？」

それを頭で考えながら、自分の間違いを振り返るのです。

「あの時に『もう十分確認した』と思ったけれど、最後にもう1回見直すべきだった」

「大丈夫、覚えていると過信して、ポストイットに書くことも、自分にリマインダーを送ることもしなかった」

「こんなことが起こるはずはないと奢っていた」

この作業が、「自分トレーニング」なのです。二度と同じ過ちを繰り返さないための、とても重要なトレーニング。これを意識しながらミスに取り組むのと、後悔と動揺の中でミスに取り組むのでは、驚くほどの差が出てきます。

怒られるのは嫌なもの、だったら決してそれを無駄にしないように。そこからきちんと学ぶ、その気持ちさえあれば、ミスも少なくなります。

ミスを引きずらない落ち込み対策

ミスをした時、そこで肩に力が入りすぎたら、さらなるミスを誘発します。意識して一瞬だけ自分に時間をあげましょう。

例えば、気分を切り替えるために、「トイレとお友達になる」のも一つの手。仕事で行き詰まってしまった時、失敗を繰り返して上司に怒鳴られた時、感情がコントロールできなくなった時……。自分に5分あげてトイレに向かうのです。

個室にこもって鍵をしめたら、そこは束の間のプライベート空間。そこでの5分が、どんなに自分に余裕を与えて、落ち着かせてくれるか、試してみてください。

「大丈夫、大丈夫。落ち着いて！」と暗示をかけて思い切り深呼吸。その後、再度仕事にとりかかりましょう。

「落ち込み」も、もちろん大切なプロセス。でもやるからには「徹底的に」やってしまいましょう。思い切り落ち込んで、どん底まで落ちてみるのです。そうしたらそこが終点、後は上がるだけです。

その時、自分を「第三者の目」で見るのが効果的です。

「ああ、自分は今、落ち込んでるな」

「もう落ち込みきったかな。もっと他に理由があったかな」

「あ、落ち込みも自己嫌悪もピークに達したみたい」

そして最後に、自分に宣言します。

「もう落ち込みは終わり！」

この「時間を決めて」の落ち込みは、頭を切り替える練習にもなります。

✓ ミスをしても「そこから学べ」ば、プラスになる

2 言い訳はあなたの価値を下げる

「なぜ、私の留守番電話のメッセージライトがついてるんだ！」

ボスの怒号が響き渡りました。彼がお客様との昼食会に出かけている間に、社外での用事を大急ぎで済ませ、走って戻って来た時のことでした。

外出している間は、サポートの女性が電話番をしてくれているはず。そして私がボスのご家族の用事で、どうしても出かけなくてはならなかったのは彼も承知していました。

それなのに、です。何かが、どうかして、うまくいかなくなっていたのです。

会食中にお客様に急な用事が入り、予定を切り上げてお開きにしなければならなかったこと、外で待っていた運転手さんも、「今からボスが帰社する」と連絡をくれる余裕もなく車を出発させなくてはならなかったこと、社外の用事が予想以上に時間がかかったこと、そしてサポートの女性がうっかりデスクを離れてしまったこと……。まさにありえないくらいの「アンラッキー」が重なり、絶対あってはならない、ボスへの電話が留守番電話に入ってしまうという最悪の事態が起きてしまったのです。

そしてもう一つのアンラッキーは、仕事の会食が中途半端に終わったことで、望んでいた結果を得られなかったボスの機嫌が非常に悪かったということでした。

私だって言いたいことはいっぱいありました。

「だって、私のせいじゃないもん！」

そう言えたらどんなにスッキリしたことでしょう。けれど、それでは「理由の説明」ではなく、見苦しい「言い訳」になってしまうのです。

そして言い訳は、すでに真っ赤になっているボスの怒りに油を注ぐだけです。

言い訳は、瞬時にあなたの価値を下げます。上司からの評価が地に落ちるだけでなく、同時に信頼までもなくしてしまうのです。ここまでせっかくがんばってきた自分の努力を、自らの手で壊してしまうくらいの威力があります。

「言い訳」と「説明」は違う

私は、社会人1年目に出会った上司が放った一言を、それから20年以上経った今でも思い出すことがあります。

「言い訳をするやつは仕事ができない」

最初聞いた時は、「じゃあ、自分が悪くなくても、すべて自分の非と認めなくちゃいけないの！」と憤慨したのですが、彼の言っていることはそういう意味ではなかったのです。

とにかく言い訳をせずに、その問題を片付ける。完璧な状態にして、相手が満足するようにする。その上で、もしどうしてもこれだけは相手にわかってもらいたい、と思うことがあれば、相手が落ちついたタイミングを見計らって、冷静に、しかもできうる限り簡潔な文章で「説明」する、というのが彼の言い分でした。

「言い訳」と「説明」はネガティブとポジティブの関係です。

言い訳をする人は、「自分は悪くない！」という感情的主張に終始します。

一方、説明は客観的に行なわれます。状況を冷静に分析した上で、「このような理由で、今回の事態を招いてしまいました。二度とこのような過ちは繰り返しません」と「未来志向」で話をするのが、説明です。怒らせてしまった相手にも納得がいく話し方です。

もちろん、その「このような理由で」の部分が言い訳めいて、ネガティブな要素を帯びるようだったら本末転倒。説明の前に、自分の話す内容を何度も確認して、ネガティブ要素はすべて排除しましょう。

不合理な理由で自分が責められる状況に陥ったら、このプロセスに沿って行動してみてください。

相手が怒っている
↓言い訳をぐっと呑み込む
↓全力で問題解決をする
↓冷静な状況説明を最短の文章にまとめる
↓その文章がネガティブではないか確認

↓怒った相手が落ちついたか見極める

↓「説明」と「二度と同じことが起こらない」ことを約束する

どうですか？「言い訳をぐっと呑み込む」のには少し訓練が必要です。皆さんが「瞬間湯沸かし器タイプ」だった場合は、相手をさらに怒らせてしまいます。

でもきっと大丈夫。なぜなら、この本を読んでくださっているということは、現状を変えたい、という意志があるからですね？　その気持ちがある方は、「良い変化」を起こしやすいのです。

☑ 言い訳がチャンスを壊す、ということを意識する

3 ただ謝るのは怠け者の証拠

「申し訳ございません！」

日本人が登場する世界の映画やドラマの中には、必ずと言っていいほど出てくるシーンです。謝罪と挨拶、どちらにしても、外国の人々にとってはとても興味深く思われる私たちのこの行動。深いお辞儀をしながら、相手に最大級の敬意を示す……。

「ただひたすら謝り続けろ」、後輩や新入社員にそう言い続ける人がいる一方、「口答えも言い訳もするな」という意見も聞かれます。

もちろん、何を言われても「ただひたすら謝り続けろ」に比べれば、「言い訳はしない」というアドバイスのほうがまだマシですが、どちらも重要な部分が欠けています。

それは「**謝るだけではダメ**」という黄金のルールです。

「謝る」という行為には、実は細心の注意を払う必要があります。海外では、とりあえず謝罪するのが正しいと思われている日本国内と違って、事実はどうであれ、「謝る＝すべて自分が悪いと認めた」ことになります。

日本においても、ただ謝るだけでは、相手のイライラがどんどん募っていくケースも少なくありません。

「ごめんで済めば警察はいらない！」とはまさにその通り。いくら謝られたって、被った被害がなくなるわけではないのです。

あなたの評価を上げるお詫びの仕方

集中するべきは、いかにダメージを好転させるかです。知恵を絞って相手の怒りが収まるレベルまで「ダメージ回復」をすること、それが正しい「謝罪」なのです。

「相手への非礼」「相手を失望させたこと」への謝罪を伝えたら、自分がこれからいかにダメージ回復をするかの説明に集中しましょう。

あなたがコメツキバッタのように謝り続けないことに気分を害する人もいるかもしれません。

でも、結果がものを言うのです。きちんと回復された結果を見れば、怒りが収まらなかった相手にも、必ずや態度軟化の兆しが見えることは確実です。

☑ 言葉だけの謝罪は無責任。
社会人ならダメージ回復をするまでが本当の謝罪になる

4 クレーム上手は仕事上手

仕事をしていると、毎日がスムーズに進むわけではありませんね。時には嫌だなと思いつつも、仕事仲間や社外の人にクレームを言わなければならない必要も出てきます。

相手が状況を理解して、すぐにあなたと一緒に問題解決への道を模索してくれるタイプの人間だったら事は簡単なのですが、現実は毎回そんな幸運が続くわけではありません。

こちらが何か言った途端に守りの態勢に入り、逆ギレするタイプもいれば、反対に、相手があまりにも良い人すぎて、自分がいじめている気分にさせられる場合もあります。

けれど、たとえ相手が自分より年上だったり、立場が上の人にでも、仕事のためには、「上手に」クレームをしなくてはならないのです。

私の同僚で、「クレームが趣味」という人がいました。彼女はいつも燃えている人で、「仕事のストレスは、クレームですっきりさっぱりよ！」と豪語していましたが、実に機関銃のようにクレームをするのです。

機関銃攻撃に勝てる人はほとんどいません。ですから、彼女は毎回、「自分の欲しい結果」を手に入れるのですが、その分かなりの数の敵もつくっていました。

これもクレーム法としては一理ありますし、上司のためにもベストの結果を持ってくるので、ある意味「趣味と実益を兼ねているのね」と、私たちを笑わせてくれました。ですが皆さんには、そこまでしなくても上手にクレームをできる方法をお伝えできればと思います。

まずは、クレームをする前に、自分の準備を万端にしておく必要があります。次の二点を確認してください。

①クレーム内容をすべて見直し、自分サイドに一切の落ち度がないかどうかを再確認する

自分サイドに全く問題がないか、最低限の確認ができていないと、クレームをしている最中に逆に相手からやりこめられることになります。そうすると、クレーム自体が無駄な作業になりますし、自分の感情まで害されることになり、無意味です。

②ただクレームをつけるのではなく、その先の「自分がほしい結果」を明確にしておく

こちらも、時間を節約してベストな結果を出す上での、非常に重要なクレームマナーといえるでしょう。「嫌味おじさん・嫌味おばさん」にならないためにも、明確に自分のほしい結果を相手に伝えるのです。

よく見かけるパターンで、一番良くないのが次のようなケースです。

当時私が働いていた会社の部署の一つに、資料を製本してくれるチームがありました。ある日、そこで順番待ちをしていた時のこと。他部署の若い男性が、カウンターに片肘をつきながらクレームをしていました。

「だからさ、困るんだよね。リングでって言ったのに、全部バインダーでとめてあるんだけど、これどうするの？　見にくいじゃない。全部作り直してもらわないと困るんだよ」

担当の女性が何度も謝っているのに、それが聞こえていないかのように、この若い男性社員のクレームは続きました。もはや「クレーム」ではありません。ただの小うるさい「嫌味おじさん」です。

そもそも、彼は自分が嫌味を繰り返すことで、「時間をいかに無駄にしているか」をまったく理解していません。

「頼んだ内容と違うものができあがってきた。そちらのミスだから、費用はそちら持ちで、至急やり直しを。遅くとも○時までには、20部すべて用意して届けてほしい。それから、二度とこのようなことがないように気をつけてください」

このように要点をはっきり伝え、すぐにそのチームに仕事にとりかかってもらえば、その分速く資料ができあがるはずです。ぐだぐだと文句を言い続けるよりも、要点を突いた直球のクレームのほうが、相手にとっては何倍も効き目があるのです。

普段、この若い男性社員が上司の前では平身低頭なのを知っていた私にとっては、とても興味深い場面でした。なぜなら、そこに「彼が仕事ができない理由」が集約されていたからです。重要なポイントは、**あなたがクレームの結果、何を望んでいるのかを明確にす**

ることです。

仕事ができる人はクレームもうまい

そして最後に、クレームをする時は、**感情は一切交えない**ように気をつけてください。自分の怒りが沸騰している間は、クレームをしないこと。歩き回るでも、顔を洗うでもして、冷静になってから始めましょう。

同時に、不必要な遠慮もいりません。きちんと自分側に落ち度がないか確かめたあなたには、そのクレームで問題解決をする準備ができているからです。

意外なことですが、**クレーム上手は仕事上手**。練習を重ねて、あなたもクレームの達人になりましょう。きっと仕事以外の場面でも役に立ちます。

☑ **プロのクレームは、仕事の質を上げる**

5 どんな失敗をしても人生が終わるわけじゃない

自分の中で、これ以上はないという「取り返しのつかない失敗」をしたとします。人によってその対処の仕方はさまざまですが、真面目な人に限って、必要以上に深刻にとらえてしまう傾向があります。

A子さんは真面目を絵に描いたような人でした。仕事ぶりも「超」がつくほどの几帳面だった彼女が、ある日、大きなミスをしてしまったのです。その結果、会社にある程度の損失を出すことになり、その責任をとることになった彼女の上司は、A子さんを呼んで厳重注意をしました。

ですが、それはあくまでも厳重注意であって、最後通告でもなければ人格否定でもありません。けれど、Ａ子さんにとっては、それを上回る影響があったようなのです。

その日からＡ子さんは沈みがちになりました。仕事でも、今までありえなかった小さなミスが目立ち、それが発覚するたびに、さらに彼女は暗くなっていったのです。

心配した上司が彼女を呼び出して理由を尋ねると、以前のミスのせいで、上司や会社に「できない」という烙印を押されてしまい、もうこの会社では自分の未来はないと言われたような気がした、そう答えたそうなのです。

驚いた上司が、なぜそこまで考える必要があるのか、未来がないのであればとっくにクビになっているとは思わないのかと尋ねると、「そのうちクビになるのはわかっています」と答えたＡ子さん。そんなことはない、もっとがんばってミスを取り返すくらいの気持ちで働けば、きっと良い結果が出るはずだと何度上司が諭しても、Ａ子さんはすっかり自分の殻に閉じこもってしまっていました。

そのうち、体調を崩したＡ子さんは会社を休みがちになり、しまいには辞表を提出したのです。この事態に周囲はびっくりしました。なぜなら、Ａ子さんは真面目すぎるきらいはあったものの、とても優秀な社員だったからなのです。

このエピソードでお伝えしたいのは、「**どんな失敗をしても、それであなたの人生が終わるわけではない**」ということです。

逆に言えば、一つの失敗で、あなたの人生を台無しにしてしまうほどの価値がどこにあるのでしょうか。確かに、失敗はつらいことです。いつまでも「なぜ、あんなことをしてしまったのか」という自責の念がつきまとうものです。

けれど、そこですべきは、自責の念に自分を引き渡してしまうのではなく、自分が犯したミスを二度としない、と肝に銘じることなのです。

そして、同じ失敗をしないためにはどういう仕事をしていけばいいのかを真剣に考えること。つまり**焦点を、「自責」から「自戒」へ完璧にシフトさせる**ことが何よりも大事なのです。仕事での失敗を、人生レベルにまで拡大させるのは全く意味のないことです。

仕事の代わりはいくらでもいますが、大切なあなたの人生に代わりはありません。

6 今越えないと、次はもっと大きくなって戻ってくる

気がのらなかったり、これをしたら自分に面倒臭いことが降ってくるとわかっている仕事を前にすると、つい避けてしまったりしていませんか?

苦手な人がいるからと、現場から目を逸らして逃げてしまったり、安易に会社を辞めてしまったり……。

一見ラクな解決方法のように感じますが、実はこれ、全く解決になっていないどころか、かえって自らの首を絞めてしまっているのです。

Sさんが新卒で勤めた会社には、怖い先輩がいました。うっかりミスをしようものなら、容赦なくゲキを飛ばしてきます。それまで、のんびりとした大学生活を送ってきたS

さんは、人から怒鳴られたりしたことはありませんでした。最初の頃こそ、何とかがんばってみようという気があったのですが、そのうち、先輩が自分のことを嫌いで、いじめているのではないかと思うようになったのです。

一方、この先輩には、いじめている気持ちなど毛頭ありませんでした。自分が新卒の頃に、先輩から仕事を叩き込まれた結果、とても多くのことを学べたと思っていたので、当然のようにSさんにも同じことをしたのです。

Sさんからこの話を聞いた私たちは、口々にこの先輩と話をするようにとすすめました。ですが、Sさんの頭の中はすでに妄想でいっぱい。「意地悪な先輩にやられている、かわいそうな自分」という構図ができあがっていたのです。

そして、Sさんはすでに心を決めていたのです。「こんな先輩がいる会社にはいられない。もう耐えられないから、僕は会社を変わる！」と。

彼が次の会社を見つけて辞表を出した日、この先輩が言ったそうです。

「残念だよ。君はどんどん伸びていくタイプだと思っていた。一言僕に話してくれたら、よかったのに」

それを聞いても、Sさんの心の中には、「今さら何を言っているんだ」くらいの気持ちしかありませんでした。

1週間後、Sさんは新しい会社で働き始めました。ところがです。同じ部署に「本物の意地悪」がいたのです。しかも、その人はSさんに仕事を教えてくれるべき立場の人。彼に教えてもらえなければ、アウトです。

ですが、仕事を教えるどころか、朝から晩まで嫌味や皮肉ばかりで、Sさんのすることにはすべてケチをつけます。どうやら、Sさんの元いた会社が、今の会社よりも大手だったのが気に入らなかった様子。ことあるごとに、「おやおや、君のいた大会社ではそんなことも習わなかったのかい」と、嫌味が始まります。

前の会社では、怒られたり、注意はされても、嫌味や悪意のある言葉を投げつけられたわけではなかったSさんは、あまりのことに愕然としたのです。

日に日に、彼への風当たりが強くなるだけでなく、この意地悪なスタッフが、ありもしないことを上司に言いつけるため、Sさんの評判はどんどん落ちていきました。

神経性胃痛で胃薬が手放せなくなったSさんが言いました。

「なんで僕は最初の時に、先輩とちゃんと話して解決せずに逃げ出したんだろう。結果的にもっとひどいことになってしまった。一度は辞められても、二度もこんなに短期間で会社を辞めるわけにはいかないし、第一こんな経歴のない自分を雇ってくれるところなんて、もうどこにもないよ！」

自分の人生が終わったかのように嘆き悲しむSさんを前に、私たちはどうすることもできなかったのです。

ところが、それからしばらくして、人づてにSさんの現状を聞いた元の会社の先輩が、Sさんに会いたいと連絡をとってきました。

驚いたSさんは、複雑な心境ながらも、先輩に会うことに同意しました。何を言われるかと恐る恐る出かけていったSさんに、この先輩が興味深い話をしてくれたのです。

「逃げても何の解決にもならない。なぜなら、君を困らせている原因は、君がどこへ逃げようとも存在していて、消えることはないからだ。自分に『現状から逃げない』と言い聞かせて対峙するんだよ。どうせ辞めるんだったら、やるだけやっても損はないだろう」

かつて自分をいじめていると思っていた先輩からの思いもかけない励ましに、Sさんはびっくりすると同時に、自分がこの先輩を誤解していたことに気がついたのです。自分の人を見る目のなさと、甘さに嫌気がさしたそうです。

そして心機一転、今の会社の意地悪社員と自分の現状に、「対峙する」ことにしたのでした。結果は惨憺たるものでしたが、少なくともSさんは逃げ出しませんでした。

そして、少しだけ強くなれたのと、もう二度と「何もせずに逃げ出さない」ことを肝に銘じて、その会社で、決して楽ではない2年近くを過ごしました。

ある日、一本の電話がありました。元の会社の先輩からでした。実は、彼が新しいチームの責任者に抜擢され、チームメイトを選ぶことになったので、「興味があれば戻ってくる気はないか」と打診してくれたのです。

二度と同じ過ちを犯さないと誓ったSさんは、晴れて2年間の「自分への罰修行」を終え、その先輩の元へ戻ることにしました。

チャレンジはなるべく小さいうちに対峙する

実は、私自身も同じことを経験したことがあります。私が心から尊敬するメンターに、自分では対処できず限界にあったお局様のことを相談した時のことです。彼女がこう言ったのです。

「辞めるのは簡単よ。でも自分ではもうこれ以上できないと思えるくらいの努力はしたの？　それができていなかったとしたら、次の職場でもまた起きてしまうのよ。しかも、問題が2倍も3倍も大きく、過酷になってね。なぜなら、これはあなたに課されたチャレンジだから、あなたが成長するまで何度でも、どんどん大きくなってふってくるのよ。だから意を決して、問題が小さいうちに越えてしまうの」

あのお局様が2～3倍になってふってくる……。そう想像しただけで、鳥肌が立ったのを覚えています。この彼女の言葉は、その後長い時間が経った今でも、私の心の中に強く残っています。

なぜなら、それが事実だからです。

あまのじゃくの私は、「解決せずに逃げる」ことを試してみたのです。結果はどうだったと思いますか？　彼女の言う通り、次の場所で、同じ状況が何倍にもなってふりかかってきたのです。

皆さんには私と同じ過ちを犯すことなく、チャレンジが小さいうちに越えていただきたいと願っています。

「もうダメ」と思った時には、「**逃げたらこれが何倍にもなって戻ってくる！**」ということを思い出してください。きっと、「踏みとどまって対峙した自分」に感謝することを保証します。

☑ 問題を避けて通るのは、自らにもっと大きな修行を課すことになる

6章

成長し続ける人の自分磨きの習慣

1 常にドアは二つ、決めるのはあなた

グウィネス・パルトロウさん主演の「スライディング・ドア」という映画を観た時に、本当にその通り！　と友人とうなずき合った経験があります。

この映画は、グウィネスさん演じる働く女性が、ある朝、会社に遅刻して上司からクビを言い渡されるところから始まります。

意気消沈してプラットフォームに降りた時、出発しそうになっている地下鉄に駆け込む場面から、二つの全く違うストーリーが展開していくのです。一つはその電車にぎりぎり間に合ったシナリオから、そしてもう一つは乗り遅れてしまったシナリオから。そのわずかなタイミングの違いで、彼女の人生は驚くほど違う展開をたどっていくことになるのです。

実はこれ、映画だけの話ではありません。私たちは毎日、無意識のうちに「選択」をしているのです。

この映画では、偶然が生んだストーリーをたどるのですが、幸い私たちの生活では、「自分で」選択できる機会に恵まれています。それにもかかわらず、その幸運を意識していない人が多いように思うのです。身近な例で見てみましょう。

Nさんは社内の企画コンテストに応募していました。そこで優勝すれば、海外の支店へ1年行かせてもらえることになっていたのです。結果、丁寧に時間をかけて集めた情報や努力、寝る間も惜しんで作り上げた企画内容とで、Nさんは見事、最終選考の二人の候補者として選ばれたのです。3年越しのチャレンジでした。

もう一つの企画を出しているのは、彼より年下で経験も浅いスタッフ。Nさんは心のどこかで、自分の勝利をほぼ確信していました。

ところが、です。なんと選ばれたのは、彼が自分より格下に見ていたもう一人のスタッフのほうだったのです。Nさんは落ち込み、会社で涙を見せないようにするのがやっとでした。

それから数日、脱力感と虚しさで、彼は完璧にやる気を失っていました。仕事も荒くなり、ミスが連発します。上司に呼ばれて嫌味まで言われる始末。

「企画コンテストにうつつを抜かしているから、こんなことになるんだ。本業に力を入れてこそだろう！」

それを聞いたNさんは、今度は怒りがこみ上げてきて、自暴自棄になったのです。

「もうどうでもいいや！　こんな会社辞めてやる！」

そんな言葉が、何度も頭の中を駆け巡ったそうです。怒りをあらわにする彼に、大学時代からの友人がこうアドバイスしました。

「自分の3年間の努力を、たった1日のことであきらめてしまうのか？　自分では最高のものを仕上げたと思ったんだろう。だったら、それをさらに完璧なレベルにしたらどうなんだ。会社人生が何年あると思ってるんだ？　その中の3年なんて、くそくらえだよ」

「自分のことじゃないから、そんなことが言えるんだよ。おまえだって俺の立場だったら、絶対辞めるって言うに決まってる！」

怒りを募らせるNさんに向かって、その友人は、ふん、と馬鹿にしたように笑って答えました。

「まあいいよ、聞く耳を持たないんだったら。でもこれだけは言っておく。選択肢は一つじゃない。辞めるのも一つ。でも、辞めないで、また来年チャレンジするという手もあるんだぞ。だいたい、優勝者のことを年下で経験不足だから、おまえより劣ってると思うこと自体が傲慢なんだよ」

いつもは優しいその友人の突き放した言葉に、Nさんはびっくりすると同時に、はっとしたそうです。

選択肢は一つじゃない、**これで最後と思うのも、また次があると思うのも自分の選択**。選考をした上層部が、優勝者を「何らかの理由でひいきして選んだ」と思い込むことで、自分を甘やかすのも自分の選択。一方で、優勝者のどこが自分より優れていたかを説明してもらうように聞きに行くのも自分の選択。自分の未来をどう進めていくか、それはすべて「自分の選択次第なんだ！」と思い当たったそうなのです。

週が明けた月曜日。彼はまず自分の上司に謝罪しました。やる気を失い、自分の仕事がおろそかになっていたことを詫びたのです。そして心機一転、一からやり直すチャンスと、今回の選考の理由を聞くために上層部へ問い合わせをしていいか、許可を求めました。

上司はNさんの態度の変化に驚きながらも、自ら上層部に理由を聞いてくれたそうです。その内容を聞いたNさんは、経験豊富なはずの自分が見落としていた盲点を、見事に企画に生かした点が評価された優勝者のところへ、お祝いを言いに行きました。

一連のプロセスが終わると、心からすっきりしたそうです。理由は一つ、自分で考えて、「これが一番」と思う選択をしたからでした。


何かがあった時に、「これしかない、もうダメだ」と思うのもあなた、「大丈夫、他にも選択肢があるはず」と思うのもあなた。

選択肢は必ず二つ、いえ、時にはそれ以上あります。右のドアがダメならば、元に戻って左のドアを開けてみる、そんな行動が、あなたに可能性を与えてくれます。

どんな小さなことでも、「ダメ」を突き進む前に、「ちょっと待って、『ダメ』を選ぶのは、もう一つのドアを開けてみてからにしようかな」と自分に思い出させてみてください。

選ぶのはあなた、ドアは常にあなたの前に二つ用意されているのです。

✓
人生での選択肢は必ず二つ以上ある。
自分の意志で、満足のいく選択をしていこう

2 不満を持ち続けるのは、泥水の中で泳ぎ続けているようなもの

どんなに良いと思える職場でも、長くいると小さな不満や問題が湧き出てくるものです。

自分でストレス解消できる「プチ不満のレベル」だったらまだいいのですが、同じ内容でも人によって受け取り方はさまざま。こんな例を見てみましょう。

A子さんとB子さんは、同じ部署で同じような仕事をしています。ある時、インフルエンザが流行って、部内の多くのスタッフが休んでしまいました。それでもそんなことはおかまいなく、仕事量は毎日同じ。休んでいるスタッフの分を、出社しているメンバーでカバーしなくてはなりません。

あまりの忙しさにランチやトイレの時間まで削られていきました。正直、A子さんもB子さんも心身ともにくたくたでした。

そんな時です、A子さんが机を叩きながら言ったのです。

「もう耐えられない！　なんでお給料は変わらないのに、私たちだけがこんな苦労を強いられなくちゃいけないの。上の人たちも何もしようとしないじゃないの！　B子さん、あなたはどう思っているの？」

A子さんが机を叩いた音のほうにびっくりして、まだ心臓がバクバクしていたB子さんがやっとのことで答えます。

「どうって……。A子さん、しょうがないじゃないの。皆好きでインフルエンザになったわけではないでしょう？　私たちが病気になったら、他の誰かがカバーしてくれるのだから、お互いさまじゃない？」

鬼の形相のA子さんに向かって続けました。

「でもね、そろそろ限界だから、一緒に上司に話しに行きましょう。臨時スタッフを雇ってもらうか、別のグループからヘルプを回してもらうか、相談しましょうよ」

ところがです。A子さんはきっぱりとこう言ったのです。

「それはできないわ。そんなことしたら、文句を言ってると思われて査定に響いてしまうもの。行くならあなたが言いに行ってよ」

この二人の会話を聞いてどう思いましたか？

実はこの後、B子さんは一人で上司のところへ話しに行ったのです。彼女は冷静に現状を分析して説明したのです。このまま疲労がたまっていって、もしA子さんかB子さんまでが倒れたら、仕事の内容を把握しているスタッフがいなくなること、その場合、このグループで請け負っている仕事自体が、その日から回らなくなるリスクを伝えました。

その上で、臨時スタッフか、他チームからのヘルプスタッフを手配してほしいこと、そうすれば自分たちも、病欠の人たちが戻ってくるまで何とか持ちこたえるつもりでいることを告げたのです。上司が手配した臨時スタッフが到着したのは、翌日の朝一番でした。

B子さんは、精一杯働いた上で、どうにもならないことをとても建設的に解決しました。ですから、彼女の中のプチ不満はしっかり解消されたのです。

一方、A子さんは怒りが爆発するほどの不満を募らせていたにもかかわらず、解決法を

B子さんから提示されても、それを自分の査定のために却下、他人任せにしました。事態は解決しましたが、彼女の中の「なんで私ばかり」という不満は相変わらずくすぶっています。そのために、不満のネガティブ波動はどんどん他の不満も呼び寄せて、彼女は普段だったら気にもならないことにまでイライラし始めたのです。

もはや出口のないドロ沼です。自分の力で解決せずに不満を持ち続けるというのは、まさに泥水の中で泳ぎ続けるようなものなのです。

不満があったら、いつまでもその中にいないようにする

不満があるなら、解決すればいいのです。「そんな口で言うほど簡単じゃない！」、そう思われるかもしれません。でも、最初から「どうせ何をやってもだめだ」とあきらめていませんか？　**今ドキッとしたあなた、チャンスです！**

最初は小さなところから、ぜひ解決を試みてみましょう。まず問題の根本原因を探ってみます。そしてそれに変化を起こして、自分の望む方向に進められるようにするにはどうしたらいいか、考えてみます。

Ｂ子さんのように、冷静に現状を上司と話し合うのは建設的ですが、そんな勇気はない、という人もいますね。だったらまず、自分一人でできることから始めましょう。**自分をその問題から引き剝がして、「第三者の視線」で現状を見てみる**のです。

想像力を駆使して、幽体離脱したような気持ちで上から全体を眺めてみてください。必ずや気がつかなかったことが見えてきます。それは、あなたが問題の渦の中でくるくると回っていたのでは見えず、外から全体を見渡して初めてわかることなのです。

見方が変わると、自分が思っているほど状況は大したことじゃなかった、ということもあるかもしれません。

自分でもできそうな解決法が見えてきたら、片っ端から試してみてください。一つやって効果がなかったらまた一つ。それに集中しているうちに問題の根本が解決してしまうこともありますし、すべてを試しても解決しなければ、よし、じゃあ上司に言いに行こう！という気になるかもしれません。相談される上司のほうも、あなたがこれだけ自分で努力したことを知れば、あなたを見直してくれることでしょう。

残念ながら、上司が解決に協力してくれない、もしくは上司が動いてくれてもやはり自分が満足できる結果にならない場合、あなたの選択肢は2つです。

1つ目。「すべて自分の思い通りになるなんてありえない。でもそこに目をつぶれば自分はこの会社にいてまあまあ幸せだ」と思えるようだったら、今日から頭を切り替えて、仕事に精を出しましょう。

そして2つ目。これはあとの項目でも触れますが、真剣に会社を変えてみることもおすすめします。私は、勇気を出して転職をした人の本当に多くが、「会社を移ってよかった」と思っていることを知っています。

私の友人で、いつもこれ以上ダメだと思うたびに、「本当にダメだったら、転職する」と決めている人がいます。そう考えるだけで、「もうダメだ」が、「よし最後にもうちょっとがんばってみるか」に変わるそうです。

皆さんには、いつでも透き通ったきれいな水の中で毎日を過ごしてもらいたいと思います。だって、それだけ皆さんはがんばっているのですから！

☑ 不満を持ち続ける生活は、自らの手で人生を台無しにしているのと同じ

3 絶対大切にしてほしい「自分時間」

毎日容赦なくやってくる平日の朝。前夜どんなに遅くまで仕事をしていたり、出かけたりしても、同じ時間には目覚ましが鳴り響き、それでもあと5分、あと5分と布団の中で粘った結果、ばたばた状態での出勤。通勤電車で、イライラして見知らぬ人と言い合いになってしまったり……。会社に着くまでには、エネルギーを半分吸い取られた状態です。

会社に到着したらしたで、怒涛のごとく仕事に巻き込まれ、そしてまた眠るためだけに家に戻る……。そんな生活をしている方は、決して少なくないと思います。

でも、そうなると、いったい「自分の時間」はどこにあるのでしょう?

やりたいこと、観たい映画、読みたい本、通いたいジム、会いたい友人、その他自分が幸せと感じられる時間は、疲れ果てた日々の中で、すべて後回しになってしまっていないでしょうか？

もし、あなたが「ちゃんと仕事をしたい」と思っているのならば、この状態は確実にあなたの足を引っ張るでしょう。こんなに仕事をしているのに、そんなことがあるわけがないと思われるかもしれません。でも、残念ながら結果は逆です。

万年疲れた状態になっていれば、仕事の能力は確実に落ちます。新しいアイディアが浮かばないどころか、自分の持っている能力の１００％を出すことは難しくなります。身体だけでなく、脳も疲れてしまっているからです。脳の疲労があなたの能力全開を阻み、そして思わぬミスが出始め、それに焦ってさらに自分を追い込んでいくわけですが、この時点に及んでは、もはや負のスパイラル。

そのうちに身体の免疫力が落ちてきて、風邪を引いたり、さまざまな身体の部分が故障してきたりするわけです。身体中が悲鳴をあげているわけですね。

会社は非情です。いくらあなたが体調を崩そうとも、日々の仕事は変わりません。ですから、「自分のことは自分で守る」しかないのです。誰も助けてはくれません。

それではいったい、どうしたらよいのでしょう？

ずばり、**「オン＝仕事」と「オフ＝プライベート」の時間をくっきり分けて、自分で時間配分をコントロールする**ことが問題を解決します。

一番に理解しておかなくてはいけないのは、私たちの人生においては「オン」が主流と思われていますが、実は「オフ」のない「オン」は、いずれ亀裂が入り、悲惨な結果に終わります。なぜなら、「オフ」で得るさまざまなポジティブなエネルギーが、あなたの仕事意欲を支え、さらなる毎日の活力を生み出しているからなのです。

逆に言えば、「オフ」をしっかり確保している人は、「オン」もうまくいくのです。

そこでチェックリストです。以下のうち、どれくらいあなたは実行していますか？

①時間は自分でコントロールするものと理解している

②だらだら仕事は禁止。スイッチを切るように、オフの時間には仕事を頭から締め出す

③毎日どんなに無理をしても、5分でいいので「自分時間」をつくる

④食事は決して抜かない

⑤休暇をとることに罪悪感は一切ない

⑥「忙しいから」をすべての言い訳にしない
⑦家族やパートナーがいる人は、きちんと自分の状況と、一緒に時間を過ごすための提案を伝えている

いかがでしょうか？　この中から5つ以上、「やっている」と答えられれば上等です。
各項目ごとに簡単に見てみましょう。

①時間は自分でコントロールするものと理解している

いつも時間が足りないと走り回っているあなた。実は時間が足りないのが原因ではなく、あなたが「自分で」きちんと時間をコントロールしていないのが原因であることに気づいていますか？

今のままでは時間に振り回され続けます。毎日ちゃんと自分の時間を割り振って、無駄がないか確認しましょう。どんなに眠くても、朝はきちんと同じ時間に起きて、必要であればそこに必要な用事や仕事を入れる。通勤途中に今日一日のスケジュールの確認や段取りを見直す時間をつくり、さらに有意義に時間をコントロールできるように組み立て直す。そういう流れをつくるだけで、自分の手に、「自分時間」を取り戻し、コントロールできるようになります。あとは、自分のために必要な時間を捻出するだけです。

②だらだら仕事は禁止。スイッチを切るように、オフの時間には仕事を頭から締め出す

だらだらとやり続ける仕事や残業。これほど効率の悪い仕事の仕方はありません。「ここからは、どんなに短くても自分のオフの時間」、そう決めたら、「徹底」しましょう。スイッチをパチッと切るようなイメージで、頭から仕事を締め出すのです。その時間をいかに有意義に使えるかによって、その後の仕事の効率が断然違ってくるからです。

中途半端に仕事のことが頭から離れないままオフを過ごすのならば、いっそのことそのオフ時間はとらないほうがマシです。その状態ではオン用のエネルギーを作り出せないだけでなく、あなたの大切な時間の無駄遣いになるからです。

③毎日どんなに無理をしても、5分でいいので「自分時間」をつくる

まとまってオフの時間がとれないとしても、毎日必ず1回でも自分の時間をつくるようにしましょう。

この「ちょっと」の時間があるとなしでは、仕事の効率が違ってきます。また、ストレス度も違ってきます。同僚と話したり、喫煙所で人に囲まれての5分ではありません。どこか自分一人になれるところで、自分と脳に「一休み」をプレゼントするのです。

トイレ、ビルの屋上、非常階段、一人になれるところは意外とあります。そこで、5分、誰にも邪魔されず、仕事からも追いかけられずに自分と脳を「休憩」させてあげましょう。たったそれだけで、自分も、あなたの大切な脳もリフレッシュし、その後の仕事のスピードも上がります。

④食事は決して抜かないこと

意外と見落としがちなのが、この「食事は決して抜かない」ということ。そして、最も抜きやすいのが、朝食です。

眠ったあとの朝一番の食事は、三食の中で一番大切だと言われていますが、朝食は、あなたがその日一日を乗り切るための、何よりもの栄養なのです。よく噛んで、ものを胃に入れるという行為は、脳みそを目覚めさせ、エンジンをかけ、身体中にエネルギーを行き渡らせます。つまり、朝食を抜いて仕事を始めるというのは、ガソリンを入れずに車を走らせるのと同じ状態。仕事も効率良く進められるわけがありません。

そして、昼食・夕食は、時間がない状態でも手軽に食べられるものを身近に用意しておきましょう。業務のスピードアップのためにも、非常に重要な要素です。

⑤休暇をとることに罪悪感は一切ない

同僚が働いているから自分だけ先に帰れない、とか、仕事が忙しそうなのに自分だけ休暇をとるのは悪い、というセリフをよく耳にします。ですが、はっきりお伝えしたいのは、今すぐに、そんな無意味な罪悪感は捨て去ってほしいということです。

自分の仕事を、責任を持ってきちんとやり終えたあなたが、自分の時間を確保するために先に帰るのは、「次の日に万全の態勢で仕事をするため」に必要なことです。休暇も同じ。より良く仕事ができるよう、エネルギー補給のために休暇をとるのは非常に大切なことなのです。

言ってみれば、自分のエネルギー補給は、あなただけでなく、「会社のため」。自分の100%で貢献できるようにするためです。いったい、何の遠慮がいるでしょう。

もし、どうしてもとりにくいというのであれば、少しだけ残業をしたり、休暇の前後何日か早く出社したりして、難しい人たちに文句を言われないようにします。

⑥「忙しいから」をすべての言い訳にしない

たまっている書類の整理、小さな連絡ごと、身の回りのこと、すべてを「忙しいから」という言い訳でやらないでいると、あとからしっぺ返しが戻ってきます。「忙しいから」は禁句にしましょう。自分でそれをする時間をつくり出すのです。

自分の生活の主導権は、自分で取り戻しましょう。その姿勢は、仕事においても必ずプラスに転じます。

⑦家族やパートナーがいる人は、きちんと自分の状況と、一緒に時間を過ごすための提案を伝えている

「家に帰っても寝てばかり、今日も仕事って言い訳ばかり！」

疲れて帰宅してもそんな風に文句を言われたり、怒られたりと、毎日家に帰るのに気が重くなっている人はかなりいるようです。でもそれは、あなたの責任なのです。

あなたがきちんと家族やパートナーに自分の状況を説明しなければ、もちろん相手には何もわかりません。

　何も詳細まで話さなくてもいいのです。相手に伝わるように言葉を尽くして説明し、自分の体力も限界であること、したがって休息が欠かせないこと、けれど必ずこうやって時間をつくるから、「今は、一緒に協力してもらえるとうれしい」と頼んでみてください。

「一緒に」と協力を頼むことで、思いもかけぬサポートを得られ、その結果、「オフ」の時間を削って仕事をする羽目になったとしても、全然違った状況・気持ちで取り組めるのです。

　パートナーや家族も、自分が頼られているということを感じ、あなたが自分たちのために努力をしてくれている事実を肌で感じられるようになります。

　少し面倒でも、コミュニケーションを欠かさずに、一つずつ解決していきましょう。仕事をさらに効率良く進めていくためには、オフでのエネルギー補給が欠かせないのです。

☑「自分時間」を大切にしている人は、仕事も人生も掌握している

4 私のストレスサバイバル法

仕事にストレスは付き物です。でも、ストレスに負けたり、巻き込まれて自分を見失っては、とても明日に向けての充電はできません。

自分を打ちのめすような出来事があったり、パワハラやセクハラのようなストレスの前にあっては、気持ちの切り替えはなかなかうまくいきませんね。

そんな時の気晴らしとして最も一般的な行動としては、「誰かに話を聞いてもらう」、もしくは、「飲みに行く」が多いのではないでしょうか。

でも、ちょっと考えてみましょう。「誰かに話を聞いてもらう」ことは、確かにその時たまったものを吐き出すので、〝一時的には〟気分は良くなります。ましてや相手が「そうだそうだ、君は悪くない」と同調してくれれば、さらに元気が出るでしょう。

でも、完全な充電はできていないと思います。家に帰って一人になった時、夜眠る時に、またその嫌な気分が戻ってきてしまうこともしばしばです。

そしてお酒。アルコールは、気分が落ち込んでいる時は避けるべき代物なのを知っていましたか？　落ちている気分をさらに落ち込ませてしまう作用があるからです。ぱーっと飲んで気分を晴らすというのも、一時的なこと。使い方を間違えれば、逆に自分の気持ちが暗くなったり、悪酔いして周囲に迷惑をかけたりしてしまいます。実際、昔の同僚でタクシーのドアを蹴りつけ、警察沙汰を起こした人もいました。

ですから、お酒は意識して、「楽しいお酒」のみにとどめましょう。

それでは、いったい何が効くのでしょうか。私の尊敬する秘書仲間が口を揃えて言うのが、「**身体を動かすこと**」です。

ストレスがある、嫌な出来事があった、そんな時こそ身体を動かすのです。走るのでも、ジムに行くのでも、汗を流して、マイナスエネルギーを発散させる。そして、一緒にストレスも発散させる。そういうことなのです。

どうしても運動は苦手という方は、カラオケで大絶叫でもかまいません。それもエネルギーを使うからです。

ストレス解消は自分の訓練と心得る

数々のモンスターボスと働いてきた私にとって、最強のモンスターボスとの出会いは、秘書としての自分の立ち位置に、自分なりに自信が生まれてきた頃のことでした。

今までの自分の仕事のやり方だけではとても御しきれない、対処しきれないモンスターボスのハイレベルな要求や、これでもかと毎日ふりかかってくる究極のチャレンジの数々に、私のストレスレベルも最高潮に達していました。

ある日突然、思いついたのです。

「そうだ、ゲームセンターでもぐらたたきをしよう！」

今でも同じようなゲームがあるのかはわかりませんが、ゲーム台に穴がいくつも空いていて、その穴からもぐらが飛び出すのを、ひたすらたたき続けるのです。

それまで、ゲームセンターに通っていたわけでも、ゲームが得意だったわけでもありません。ただ、会社からの帰り道、悶々としている自分のエネルギーをどうにかしたくて思いついたサバイバル法でした。

それからいったい何度そのゲームセンターへ通ったでしょうか。スーツにハイヒールで、一心不乱にもぐらをたたき続ける私の姿は、はたから見るとかなり不気味な存在だったと思います。

けれど、そのおかげでストレスは見事に発散。「今日の最高得点」をたたき出せるようになる頃には、すっかり私のストレスサバイバル方法として定着しました。

申し訳ないことに、酷使されたもぐらたたきはある日撤去されてしまいましたが、それ以降は近くのバッティングセンターが代わりに助けてくれました。

身体がネガティブのエネルギーを発散できるのならば、ストレス解消方法はどんなものでもかまいません。ポイントは、

「あなたが、今日のうちにストレスを捨て去り、新しい明日を迎える準備とエネルギー

を充填できること」

これだけです。

泣いても笑っても、今日は終わったのです。明日はまた新しいスタートラインに立てる、ということをどうかお忘れなく。

☑ **自分がストレスを発散できる方法を見つければ、明日を迎えるのがラクになる**

5 自分とちゃんと会話していますか？

皆さんは、仕事や周囲のスピードに巻き込まれて、一番大切なはずの自分のことがおろそかになっていないでしょうか。

Hさんという男性がいました。彼は営業の仕事をしていて、日々数字との戦いです。あまりの忙しさに食べることも忘れてしまうほど。それなのに成績が思うように上がらずに焦っていました。

その焦りは、やがて彼の生活の大部分を支配し始めます。起きている間、彼が考えているのは数字のこと。眠っている間にも、夢に出てくるのは仕事と数字のことばかりでした。

そして数字をあげることだけに集中した結果、働き始めた当初、彼が気をつけていた顧客への心遣い、仕事への誇りというものが段々と薄れていってしまったのです。当然、仕事が荒くなったり、クレームが出たりして、Hさんの焦りはもっとひどいものになっていきました。

そんな時、見かねた先輩が彼に言ったのです。

「お前、最近数字にコントロールされたロボットみたいだぞ。ちょっと一息ついて、自分と向き合ってみろよ」

Hさんは口でこそ「はい」と返事をしたものの、心の中ではこう思ったそうです。

「何言ってんだ、『自分と向き合う』なんて精神論で数字があがるか！」

ある日、Hさんのところへ一本の電話がかかってきました。新人の頃からお世話になっている得意先の担当者からです。

今日、会社に来てほしいと言われたのですが、Hさんは忙しくて無理だと判断し、翌日の都合を尋ねました。担当者が一瞬黙り込んだような気がしたのですが、電話を切った後のHさんの頭からは、その小さな「気づき」は、あっという間に消えてしまったのです。

次の日、得意先を訪れたHさんに、担当者から衝撃的な知らせがもたらされました。

「今までお世話になったけれど、今回社の方針が変わって、別の会社に仕事を依頼することになったから。申し訳ないが、Hさんとは今期いっぱいということで」

新人の頃から目をかけてもらい、自分も精一杯尽くした会社からの思いもよらぬ「裏切り」に、Hさんは目の前が真っ暗になり、同時に途方もない怒りを感じました。

そして何も言えぬまま得意先のオフィスをあとにすると、そのまま駅のホームで座り込んでしまったそうです。

小一時間ほどその姿勢のままで、怒り、落ち込み、悔しさなど一連の感情が過ぎ去った後、Hさんの中に、初めて自分と向き合うタイミングが訪れました。

「あんなに目をかけてもらっていたのに、調子にのって、以前のように一生懸命尽くしていなかったのかもしれない」

「そう言えば、以前だったら、どんなに忙しくても相手の会社を訪ねて担当者に挨拶をしていたのに、最近は忙しさを理由にして怠っていた。自分が担当者だったら、大切にされていないと思うだろう……」

これが先輩の言っていた「自分と向き合う」ということだったのかもしれない、Hさんがそう思い当たったのはその時でした。

そして、それに気づくと、まず理由もろくに聞かず、今までの感謝も述べずに得意先を出てきてしまった自分の不甲斐なさ、営業としての至らなさを思い立ち、すぐに得意先に電話を入れたのです。そして、先ほどの非礼を詫びたあとで、まだ駅にいるので、できればこれから時間をもらえないかと尋ねました。

すると意外なことに、相手からは承諾の返事が返ってきたのです。

担当者を目の前にして、Hさんは自分が最近の数字のプレッシャーの影響で、気づかぬうちに相手に迷惑をかけていたこと、大切なお客様を無下にするつもりは毛頭なかった旨を説明しました。そして、それが自分の人間としての至らなさからきていたこと、もう一度チャンスをもらえれば、今度こそ必ずいつまでも満足してもらえるサービスを提供することを保証した上で、頭を下げ続けたそうです。

部屋に入って来た時こそ、とりつく島もなかった様子の担当者は、Hさんが「心臓が飛び出るかと思った」ほどの沈黙のあと、「わかりました」と言いました。そして、「それではあと半年、様子を見させてもらいます」と答えてくれたのです。

その日、Hさんは残業をせずにまっすぐ家に帰りました。そしてここ何カ月かの自分の行動、態度、考え方を思い出して、自分と対話をし、反省と二度と過ちを繰り返さないという確認をしたそうです。その日以来、自分との対話は彼の習慣となりました。

この話を聞いてからもう10年以上経ちますが、先日Hさんにそのことを尋ねると、「まだ覚えていたの！」というコメントとともに、「もちろん、毎晩続けているよ。必ず眠る前に、今日の自分を振り返って、これでよかったのか、自分は間違えていなかったか、と自分と会話するんだよ」という答えが返ってきたのです。

毎日の忙しさに追われていると、ふと忘れてしまう自分との対話。このちょっとした時間によって、どれだけの問題が防げたり、明日やるべきことが見えてくるでしょうか。Hさんの話は決して他人事ではない、私たちがぜひ真似をしたい習慣です。

☑ 忘れがちな自分との対話が、多くの「気づき」をもたらしてくれる

6 まずは見た目から変えてみる

「仕事さえできれば、見かけはどうでもいいんだよ」

部のパーティーで、皆が楽しんでいた時のこと。仕事がそこそこできるCさんが言い出しました。我々の部のトップボスは、「超」がつくほどのオシャレな男性。スーツは常にアルマーニ、女性の私たちでも敵わないほどの洋服や靴、時計を持っていました。その彼の話をしていた時に、男性陣の間で、見かけは大事かどうかで討論が始まったのです。

「仕事をきっちりとやって、お金を稼いでいれば見かけなんて」という考えのCさん。対するは、「見かけも仕事のうち。だから外見にも注意を払うべき」というTさん。

私は一歩離れて二人の外見を比べてみることにしました。そこへ、以前の会社で私がついていた、切れ者ボスの言葉が頭に蘇ってきたのです。

「身だしなみは、『相手と自分に失礼がないこと』をいつも心がけるべきだ。そして靴。靴の手入れができていない人間は大抵、仕事もできないことが多いんだよ。だらしなさがそのまま仕事に出るからね」

新しくスタッフを雇うことになり、何人もの候補者との面接が続いていた中でのボスの発言でした。

「高級なものを身につけていても、着られてしまっていたり、安っぽく見えたりする人も要注意だ。彼らの中身の〝何か〟がそう見せているのだから。洋服と同じで、聞こえが良い立派なことを言っても、はたして中身がついてきているのかを判断しなくてはならない」

それでは新しい人に会う時に、一番に何を見るのですか？　と尋ねた私に、ボスは少し考えてからこう言ったのです。

「きちんと相手の目を見て、しっかり挨拶ができるかということ。姿勢と座り方はその人の自信を表わすから、それも見るね。そしてさっき言った通り、『靴』がきちんと磨かれているか。新しいか古いかじゃない、いかに手入れがされているかだよ」

相手が話し出す前に、これだけのことをチェックするこのボスが雇うスタッフは、皆優秀な人ばかりでした。

身だしなみを整えてワンランク上の自分を狙おう

皆さんはどうでしょうか？　毎日出勤前のあわただしい時間で、自分をワンランクアップさせるための「戦闘服」をちゃんと選んでいますか？　靴は磨けていますか？　いくら疲れていても、意識して背筋を伸ばし、自分をきちんと見せる努力を怠っていませんか？

高級なブランド物に身を包まなくても、それだけで身だしなみは整えられるのです。本当にそれだけで、目に見えて仕事にも影響が出てくるのです。なぜなら、**あなたの気持ちが仕事に反映する**からなのです。

身だしなみを整えていれば、気づかないうちに自信となります。それは社内の人やお客様へも伝わります。身だしなみを「きちん」とする、ということを心がければ、きちんとした仕事へとつながっていくのです。

その第一ステージをクリアできたら、せっかくですから少し冒険をしましょう。自分が着てみたいスーツや靴、時計やカバンなどを、ご褒美として自分にプレゼントするのです。

「自分らしいベストなものを身につける」ことによって、さらに余裕と自信が生まれます。一見、仕事に何の関係もないような身だしなみ。でも、見かけが良いと得をすることがあることも、決してあなどれない事実です。

さて、先ほどのCさんとTさん、どちらも引かずに討論が続いていた時、その「オシャレなボス」が、グラスを片手に、ひょいと会話に入ってきました。

「やあ、君たち。楽しんでるかい？　何の話をしているんだ？」

私たちギャラリーが説明すると、ボスはにやりと笑って、こう言ったのです。

「何言ってるんだ、決まってるじゃないか。私を見てみろ、見かけがすべて、だよ！」

そう言うとケタケタと笑いながら、次のグループへ挨拶をしにフロアを優雅に歩いて行きました。あとには呆気にとられたCさん、したり顔のTさんを前に、爆笑するその場の全員が残されました。

☑ 仕事だけでも、見かけだけでも中途半端。双方に気を配れれば合格点

7 紙に「すべて」を書き出してみる

私たち人間は「考える」という能力を与えられて生まれてきています。そのおかげで良いことも実にたくさんあるのですが、それと同時に、必要ないことまで「考えてしまう」という難点もあるのです。

夏に声の限りに鳴くセミを考えてみてください。彼らが考えて鳴いていると思いますか？「よし、アブラゼミさんが鳴き止んだから今度はおいらの番だ！」とか、「私の声はツクツクボウシさんみたいにきれいじゃないけど、鳴いてもいいのかしら」なんて思ってはいないと思います。

自分を「何も考えない状態」に持っていくことで、日常の悩みから一時でも自分を解放してみましょう。その一時が半日になり、一日になり、そしてしばらくの間でも忘れることができて、「ただ生きる」ことに集中できたら、どれほど毎日がラクになるでしょう。

その助けになるのが、「紙に書き出す方法」です。「なんだ、そんなこと」と思われた方も、まずは試してみてください。驚くほどの効果があるのです。

やり方は簡単。どんな紙でもノートでも結構です。今あなたを悩ませていること、怒りを覚えていること、心配なこと、何でもすべて、思いのままに書き出してみてください。誰かに見られたらどうしよう、などという心配はいりません。とにかく「書き出す」ことに集中するのです。思いのたけを紙にぶつけてみてください。

そして一呼吸、今書いたことを読み返してみます。その後で自分の感情を確かめてみましょう。まだ書き出す前と気持ちは１００％同じですか？　それとも、自分を苦しめていた感情が少しでも減りましたか？　変わらないという方は、まだ十分に書き切っていません。思い出してさらに書き続けましょう。

ここで大切なことは、読み直したら最後に、びりびりと紙を破ってしまうこと。思い切り、力をこめて破ってください。シュレッダーのほうが効果があるならば、シュレッダーでもかまいません。子供だましのようなこの行為が、実はあなたの中の感情を少しずつ整理していることに、きっとあとから振り返った時に気がつくでしょう。

効果はそれだけではありません。紙に書き出して吐き出すことで、**他の考えを取り込むスペースを自分の脳の中につくっている**のです。悶々と自分の悩みにとらわれている状態の脳は、容量がいっぱいになったデータベースと同じ状態。せっかくその問題を解決する情報が周りに散らばっていたとしても、それを取り込む隙間も余裕もなくなっています。ですが、あなたが「書き出す」ことで悩みを吐き出した結果、自分の脳につくってあげたゆとりスペースが、知らず知らずのうちに解決法や気分転換を運んできてくれることになるのです。

煮詰まった時、「もう無理」と思った時、叱咤されてパニックになった時、ペンと紙が皆さんを助けてくれます。ただ悶々と考えていることほど、不毛な時間の使い方はありません。

☑ **書き出すことで、自分の思考が整理でき、その後にはクリアな道が見えてくる**

8 転職はご褒美と考える

皆さんは転職についてどんなイメージをお持ちですか？　外資系企業においては、転職は本当に普通のことです。なぜなら、転職の一番の目的は、「現状よりさらに良い条件や待遇を求めて」職を探すことだからです。つまり、とてもポジティブなことなのです。

もちろん残念ながら、会社から解雇通告をされたり、いわれのないパワハラ等を受けて、やむなく、という場合だってあります。でもその場合の転職活動も、今の自分をより幸せにする方向への行動なのですから、決してネガティブなものではないのです。まずこのことを皆さんによく理解していただければと思います。

実際に転職を考える際には、リクルーターを利用するのも一つの手です。

リクルーターの仕事は、「仕事を探している人」と「人材を必要としている会社」を結びつけることです。まずはどんなリクルーティング会社があるかを調べましょう。

同時に、その会社がどれほど信用できるか、ということもきちんと確認してください。本来であれば、リクルーターがあなたに「こういう仕事があるのですが、興味はありますか？」と確認し、あなたが「イエス」と言ってから初めて履歴書が先方の会社へ送られます。ところが、きちんとしていないリクルーターだと、あなたの許可もなく先に履歴書を流してしまうところもあるからです。

いわゆる「ヘッドハンター」と呼ばれる人たちもリクルーターです。リクルーターは、あなたから連絡をもらって仕事を探す以外に、企業からこういう人材を探してほしいと言われ、手持ちのリストにその条件に見合う候補者がいない場合、積極的に自分たちで良い人材を探して、連絡をとることもあります。

外資系企業にいると、時々知らない人からいきなり連絡があり、「あなたの話を聞いたのですが、今こういう会社が人材を探しています。興味はありませんか？」と言ってくることがあります。

もしあなたが、万が一こんな電話を受けたら、決して怖がらずに詳細を聞いてみましょう。その話に興味がなくても、そこから派生して別の話を紹介してもらえるかもしれません。とにかく、**どんなことでも、情報と人とのつながりが重要**です。それを常に頭においておきましょう。どこにどんな話が転がっているかわかりません。

ヘッドハンティングで成功したFさんの例

ある日、Fさんという男性のところに一本の電話がありました。見知らぬ女性からの声で、「初めてのお電話で恐縮です。私は〇〇でリクルーターをしているAと申します。実は、Fさんの評判をお聞きしまして、もしご興味があればご紹介したい会社があるのですが」と言われたのです。

Fさんにとっては初めての経験でしたので、何か怪しいキャッチセールスかと思いましたが、とりあえず話を聞いてみることにしました。聞けば、紹介したいという会社は、しっかりした上場企業。少しだけ気になって、実際にこのリクルーターに会うことを了承しました。

そしてその結果、彼はその上場企業の面接を受けてみることにしたのです。

当日、部屋に5分遅れて入ってきた面接官がFさんに仕事の内容を簡単に説明し、立て続けに質問を始めました。そのうち、「ふむ……」と腕組みを始めたのです。

Fさんは思いました。

「ああ、僕は気に入られなかったのかもしれない」

面接官はしばらく考え込んでFさんの履歴書を改めて眺めたあと、こう切り出しました。

「残念ながら、君の現在の仕事は僕が求めていたものと若干違う。しかし、僕の同僚が君のような人材を探しているんだ。もし、興味があれば、彼に会ってみる気はあるかい？」

Fさんはびっくりしましたが、せっかくそう言ってくれるのならと、彼の同僚との面接をお願いしました。結果、その3日後に行なわれた面接は大成功。決定は早く、翌日には、リクルーターを通して、「我が社で働いてほしい」という連絡をもらったのです。

あとからリクルーターのAさんと話をしたFさんは、意外なことを聞きました。

実は、Fさんがお客様としてお会いしたある人が、「優秀な社員がいる」とFさんの名前をAさんに伝えたのだそうです。普段から誠実な仕事を心がけていたFさんは、こうして新しい会社での給料アップと地位、やりがいを手にしたのです。

この話からわかるように、転職は怖いものではありません。そして、あなたの普段の仕事ぶりを見ている人がいるかもしれないということ、心をオープンに面接を受けると、そこから思いもかけない話が広がるかもしれないことなど、さまざまなことを理解していただけたと思います。

ちなみに、面接の時には、相手の目をしっかり見て、「自分の言葉」で話をするように心がけましょう。新卒の面接のように、ありきたりの練習してきたような言葉で語るのは興ざめです。

相手は、あなたがどういう風に他の人と違って、どんなことを自社に提供してくれるのか、あなたを雇うメリットを知りたいのです。謙遜は不要です。自分を誇大広告する必要は全くありませんが、宣伝できるところは思う存分に。時には80%くらいしか自信がないことでも、思い切って「お任せください！」と言ってみることも必要です。雇ってもらってから、精一杯がんばって結果を出せばよいのです。

あなたは「自分のために」仕事をしているのです。毎日ちゃんと起きて、骨が折れる思いで満員電車に乗って通勤し、時にはこのまま会社に泊まってしまいたいと思いながら帰路についたりしています。本当にがんばっている自分。そんな自分が、もし仕事をしていて、とても不幸せなのだったら、転職を回避する理由はないと思いませんか？

周りがどう思うかではありません。**あなたが自分にしてあげられるご褒美**です。

一つの会社を極めるのもよし、転職をして新天地に足を踏み出すのもよし。どちらにしても一番大切なのは、あなたの人生の大半を占めている仕事を、「自らの意志で選ぶ」という選択肢を自分に与えてあげることです。

今いる会社で、自分が何のために働いているかわからなくなったり、「もうだめだ、終わりかも」と感じているようならば、そこには「自分をもっと大切にできる機会」があることを思い出してくださいますように。

よく考えた上での転職は、きっと自分をポジティブな道に導いてくれる

おわりに
――モットーは、Work Hard, Play Hard!

21人の秘書をクビにしてきた、リクルーター泣かせのモンスターボスとの初めての面接の時、彼から「君のモットーは何だ」と質問されました。

その時に私が言ったのがこの言葉、「Work Hard, Play Hard」です。

思い切り働いて、思い切り遊ぶ、というように訳せるでしょうか。とにかく働く時も遊ぶ時も全力投球が私のモットーなのだと言うと、それまで斜に構えて、獲物をいたぶるライオンのようだった彼が、初めてニヤッと笑いました。

「ほお、それは面白い。私と同じモットーだ」

毎日の仕事に忙殺されているうちに、気がつけば、「何のために」仕事をしているのかわからなくなったり、消耗しきっている自分がいませんか？

そんなときは、自分に「目標」を示してみてほしいのです。それも今日から始められて、自分の気持ち次第で実行可能な目標です。

「君がいなければ困ってしまう」と言われる仕事をする。
余計なことは考えずに、まずはこの目標に全力投球してみてください。
そして、がんばっている自分には必ずご褒美を。遊びにも全力投球です。その先には、きっと今までとは違う、満足感が待っています。

最後になりましたが、この本を書くチャンスをくださった同文舘出版の戸井田歩様に、心から感謝を申し上げます。たくさんのインスピレーションをいただきました。そして、いつも私の執筆活動を力強くサポートしてくださっている、プレスコンサルティングの樺木宏様にも、この場をお借りして厚くお礼申し上げます。

皆さんが「君がいなければ仕事が回らない」と言われる日が一日でも早くきますように、心を込めてエールを送ります!

フラナガン裕美子

著者略歴

フラナガン裕美子（ふらながん ゆみこ）

国際コミュニケーション・コンサルタント

1967年生まれ。津田塾大学学芸学部英文学科卒業。スイス・ユニオン銀行を経て、バンカース・トラスト銀行から秘書のキャリアをスタート。以降、ドイツ証券、メリルリンチ証券、リーマン・ブラザーズ証券などの5つの外資系企業と日系企業で、日本人、アメリカ人、イギリス人、アイルランド人、スイス人、オーストラリア人、香港人、韓国人という8カ国のエグゼクティブをサポート。企業内の異文化コミュニケーションにまつわるあらゆるストレスを経験するも、すべての上司に仕事を高く評価される。2012年、野村アジアホールディング副会長付秘書のポジションで同社を退職し、独立。現在は、香港を拠点にしながら、国際コミュニケーションやビジネスのコンサルティングに従事している。著書に『どの会社でも結果を出す「外資系エグゼクティブ」の働き方』（日本実業出版社）がある。

■オフィシャルサイト　http://yumikoflanagan.com/

「ちゃんと評価される人」がやっている仕事のコツ

平成28年2月15日　初版発行

著　者 —— フラナガン裕美子

発行者 —— 中島治久

発行所 —— 同文舘出版株式会社

東京都千代田区神田神保町1-41　〒101-0051
電話　営業03（3294）1801　編集03（3294）1802
振替00100-8-42935
http://www.dobunkan.co.jp/

ISBN978-4-495-53381-6

印刷／製本：萩原印刷

Printed in Japan 2016